book2

Deutsch – Slowakisch
für Anfänger

Ein Buch in 2 Sprachen

www.book2.de

GOETHE
VERLAG

IMPRESSUM

Johannes Schumann:
book2 Deutsch - Slowakisch
EAN-13 (ISBN-13): 978-3-938141-33-5

Goethe-Verlag GmbH
Postfach 152008
80051 München
Germany

Fax +49-89-74790012
www.book2.de
www.goethe-verlag.com

Inhaltsverzeichnis

1 [eins]

1 [jeden]

Personen

Osoby

ich	ja
ich und du	ja a ty
wir beide	my obaja / my obidve
er	on
er und sie	on a ona
sie beide	oni obaja / ony obidve
der Mann	muž
die Frau	žena
das Kind	dieťa
eine Familie	rodina
meine Familie	moja rodina
Meine Familie ist hier.	Moja rodina je tu.
Ich bin hier.	Ja som tu.
Du bist hier.	Ty si tu.
Er ist hier und sie ist hier.	On je tu a ona je tu.
Wir sind hier.	My sme tu.
Ihr seid hier.	Vy ste tu.
Sie sind alle hier.	Oni sú všetci tu.

2 [zwei]

Familie

2 [dva]

Rodina

der Großvater	starý otec
die Großmutter	stará mama
er und sie	on a ona
der Vater	otec
die Mutter	matka
er und sie	on a ona
der Sohn	syn
die Tochter	dcéra
er und sie	on a ona
der Bruder	brat
die Schwester	sestra
er und sie	on a ona
der Onkel	strýko
die Tante	teta
er und sie	on a ona
Wir sind eine Familie.	Sme rodina.
Die Familie ist nicht klein.	Rodina nie je malá.
Die Familie ist groß.	Rodina je veľká.

3 [drei]

Kennen lernen

3 [tri]

Zoznámenie

Hallo!	Ahoj!
Guten Tag!	Dobrý deň!
Wie geht's?	Ako sa darí?
Kommen Sie aus Europa?	Pochádzate z Európy?
Kommen Sie aus Amerika?	Pochádzate z Ameriky?
Kommen Sie aus Asien?	Pochádzate z Ázie?
In welchem Hotel wohnen Sie?	V ktorom hoteli bývate?
Wie lange sind Sie schon hier?	Ako dlho ste už tu?
Wie lange bleiben Sie?	Ako dlho zostanete?
Gefällt es Ihnen hier?	Páči sa vám tu?
Machen Sie hier Urlaub?	Ste tu na dovolenke?
Besuchen Sie mich mal!	Navštívte ma niekedy!
Hier ist meine Adresse.	Tu je moja adresa.
Sehen wir uns morgen?	Uvidíme sa zajtra?
Tut mir Leid, ich habe schon etwas vor.	Je mi ľúto, už niečo mám.
Tschüs!	Čau!
Auf Wiedersehen!	Dovidenia!
Bis bald!	Do skorého videnia!

4 [vier]

In der Schule

4 [štyri]

V škole

Wo sind wir?	Kde sme?
Wir sind in der Schule.	Sme v škole.
Wir haben Unterricht.	Máme vyučovanie.
Das sind die Schüler.	To sú žiaci.
Das ist die Lehrerin.	To je učiteľka.
Das ist die Klasse.	To je trieda.
Was machen wir?	Čo robíme?
Wir lernen.	Učíme sa.
Wir lernen eine Sprache.	Učíme sa jazyk.
Ich lerne Englisch.	Učím sa angličtinu.
Du lernst Spanisch.	Učíš sa španielčinu.
Er lernt Deutsch.	Učí sa nemčinu.
Wir lernen Französisch.	Učíme sa francúzštinu.
Ihr lernt Italienisch.	Učíte sa taliančinu.
Sie lernen Russisch.	Učia sa ruštinu.
Sprachen lernen ist interessant.	Učiť sa jazyky je zaujímavé.
Wir wollen Menschen verstehen.	Chceme rozumieť ľuďom.
Wir wollen mit Menschen sprechen.	Chceme sa rozprávať s ľuďmi.

5 [fünf]

Länder und Sprachen

5 [päť]

Krajiny a jazyky

John ist aus London.
London liegt in Großbritannien.
Er spricht Englisch.

John je z Londýna.
Londýn je vo Veľkej Británii.
Hovorí po anglicky.

Maria ist aus Madrid.
Madrid liegt in Spanien.
Sie spricht Spanisch.

Mária je z Madridu.
Madrid je v Španielsku.
Hovorí po španielsky.

Peter und Martha sind aus Berlin.
Berlin liegt in Deutschland.
Sprecht ihr beide Deutsch?

Peter a Marta sú z Berlína.
Berlín je v Nemecku.
Hovoríte obaja po nemecky?

London ist eine Hauptstadt.
Madrid und Berlin sind auch Hauptstädte.
Die Hauptstädte sind groß und laut.

Londýn je hlavné mesto.
Madrid a Berlín sú tiež hlavné mestá.
Hlavné mestá sú veľké a hlučné.

Frankreich liegt in Europa.
Ägypten liegt in Afrika.
Japan liegt in Asien.

Francúzsko sa nachádza v Európe.
Egypt sa nachádza v Afrike.
Japonsko sa nachádza v Ázii.

Kanada liegt in Nordamerika.
Panama liegt in Mittelamerika.
Brasilien liegt in Südamerika.

Kanada sa nachádza v Severnej Amerike.
Panama sa nachádza v Strednej Amerike.
Brazília sa nachádza v Južnej Amerike.

6 [sechs]

Lesen und schreiben

6 [šesť]

Čítať a písať

Ich lese.	Čítam.
Ich lese einen Buchstaben.	Čítam písmeno.
Ich lese ein Wort.	Čítam slovo.
Ich lese einen Satz.	Čítam vetu.
Ich lese einen Brief.	Čítam list.
Ich lese ein Buch.	Čítam knihu.
Ich lese.	Čítam.
Du liest.	Čítaš.
Er liest.	Číta.
Ich schreibe.	Píšem.
Ich schreibe einen Buchstaben.	Píšem písmeno.
Ich schreibe ein Wort.	Píšem slovo.
Ich schreibe einen Satz.	Píšem vetu.
Ich schreibe einen Brief.	Píšem list.
Ich schreibe ein Buch.	Píšem knihu.
Ich schreibe.	Píšem.
Du schreibst.	Píšeš.
Er schreibt.	Píše.

7 [sieben]

Zahlen

7 [sedem]

Čísla

Ich zähle: eins, zwei, drei Ich zähle bis drei.	Počítam: jeden, dva, tri Počítam do troch.
Ich zähle weiter: vier, fünf, sechs, sieben, acht, neun	Počítam ďalej: štyri, päť, šesť, sedem, osem, deväť
Ich zähle. Du zählst. Er zählt.	Počítam. Počítaš. Počíta.
Eins. Der Erste. Zwei. Der Zweite. Drei. Der Dritte.	Jeden. Prvý. Dva. Druhý. Tri. Tretí.
Vier. Der Vierte. Fünf. Der Fünfte. Sechs. Der Sechste.	Štyri. Štvrtý. Päť. Piaty. Šesť. Šiesty.
Sieben. Der Siebte. Acht. Der Achte. Neun. Der Neunte.	Sedem. Siedmy. Osem. Ôsmy. Deväť. Deviaty.

8 [acht]

Uhrzeiten

8 [osem]

Hodiny

Entschuldigen Sie!	Prepáčte!
Wie viel Uhr ist es, bitte?	Koľko je hodín, prosím?
Danke vielmals.	Ďakujem mnohokrát.
Es ist ein Uhr.	Je jedna hodina.
Es ist zwei Uhr.	Sú dve hodiny.
Es ist drei Uhr.	Sú tri hodiny.
Es ist vier Uhr.	Sú štyri hodiny.
Es ist fünf Uhr.	Je päť hodín.
Es ist sechs Uhr.	Je šesť hodín.
Es ist sieben Uhr.	Je sedem hodín.
Es ist acht Uhr.	Je osem hodín.
Es ist neun Uhr.	Je deväť hodín.
Es ist zehn Uhr.	Je desať hodín.
Es ist elf Uhr.	Je jedenásť hodín.
Es ist zwölf Uhr.	Je dvanásť hodín.
Eine Minute hat sechzig Sekunden.	Jedna minúta má 60 sekúnd.
Eine Stunde hat sechzig Minuten.	Jedna hodina má 60 minút.
Ein Tag hat vierundzwanzig Stunden.	Jeden deň má 24 hodín.

9 [neun]

Wochentage

9 [deväť]

Dni v týždni

der Montag	pondelok
der Dienstag	utorok
der Mittwoch	streda
der Donnerstag	štvrtok
der Freitag	piatok
der Samstag	sobota
der Sonntag	nedeľa
die Woche	týždeň
von Montag bis Sonntag	od pondelka do nedele
Der erste Tag ist Montag.	Prvý deň je pondelok.
Der zweite Tag ist Dienstag.	Druhý deň je utorok.
Der dritte Tag ist Mittwoch.	Tretí deň je streda.
Der vierte Tag ist Donnerstag.	Štvrtý deň je štvrtok.
Der fünfte Tag ist Freitag.	Piaty deň je piatok.
Der sechste Tag ist Samstag.	Šiesty deň je sobota.
Der siebte Tag ist Sonntag.	Siedmy deň je nedeľa.
Die Woche hat sieben Tage.	Týždeň má sedem dní.
Wir arbeiten nur fünf Tage.	Pracujeme len päť dní.

10 [zehn]

stern – heute – morgen

Gestern war Samstag.
Gestern war ich im Kino.
Der Film war interessant.

Heute ist Sonntag.
Heute arbeite ich nicht.
Ich bleibe zu Hause.

Morgen ist Montag.
Morgen arbeite ich wieder.
Ich arbeite im Büro.

Wer ist das?
Das ist Peter.
Peter ist Student.

Wer ist das?
Das ist Martha.
Martha ist Sekretärin.

Peter und Martha sind Freunde.
Peter ist der Freund von Martha.
Martha ist die Freundin von Peter.

10 [desať]

Včera – dnes – zajtra

Včera bola sobota.
Včera som bol v kine.
Film bol zaujímavý.

Dnes je nedeľa.
Dnes nepracujem.
Zostanem doma.

Zajtra je pondelok.
Zajtra zasa pracujem.
Dnes pracujem v kancelárii.

Kto je to?
To je Peter.
Peter je študent.

Kto je to?
To je Marta.
Marta je sekretárka.

Peter a Marta sú priatelia.
Peter je Martin priateľ.
Marta je Petrova priateľka.

11 [elf]

Monate

11 [jedenásť]

Mesiace

der Januar
der Februar
der März

der April
der Mai
der Juni

Das sind sechs Monate.
Januar, Februar, März,
April, Mai und Juni.

der Juli
der August
der September

der Oktober
der November
der Dezember

Das sind auch sechs Monate.
Juli, August, September,
Oktober, November und Dezember.

január
február
marec

apríl
máj
jún

To je šesť mesiacov.
Január, február, marec,
apríl, máj a jún.

júl
august
september

október
november
december

To je tiež šesť mesiacov.
Júl, august, september,
október, november a december.

12 [zwölf]

Getränke

12 [dvanásť]

Nápoje

Ich trinke Tee.	Pijem čaj.
Ich trinke Kaffee.	Pijem kávu.
Ich trinke Mineralwasser.	Pijem minerálnu vodu.
Trinkst du Tee mit Zitrone?	Piješ čaj s citrónom?
Trinkst du Kaffee mit Zucker?	Piješ kávu s cukrom?
Trinkst du Wasser mit Eis?	Piješ vodu s ľadom?
Hier ist eine Party.	Tu je nejaká párty.
Die Leute trinken Sekt.	Ľudia pijú šampanské.
Die Leute trinken Wein und Bier.	Ľudia pijú víno a pivo.
Trinkst du Alkohol?	Piješ alkohol?
Trinkst du Whisky?	Piješ whisky?
Trinkst du Cola mit Rum?	Piješ kolu s rumom?
Ich mag keinen Sekt.	Nemám rád / rada šampanské.
Ich mag keinen Wein.	Nemám rád / rada víno.
Ich mag kein Bier.	Nemám rád / rada pivo.
Das Baby mag Milch.	Bábätko má rado mlieko.
Das Kind mag Kakao und Apfelsaft.	Dieťa má rado kakao a jablkovú šťavu.
Die Frau mag Orangensaft und Grapefruitsaft.	Žena má rada pomarančovú a grapefruitovú šťavu.

13 [dreizehn]

Tätigkeiten

13 [trinásť]

Činnosti

Was macht Martha?	Čo robí Marta?
Sie arbeitet im Büro.	Pracuje v kancelárii.
Sie arbeitet am Computer.	Pracuje s počítačom.
Wo ist Martha?	Kde je Marta?
Im Kino.	V kine.
Sie schaut sich einen Film an.	Pozerá sa na film.
Was macht Peter?	Čo robí Peter?
Er studiert an der Universität.	Študuje na univerzite.
Er studiert Sprachen.	Študuje jazyky.
Wo ist Peter?	Kde je Peter?
Im Café.	V kaviarni.
Er trinkt Kaffee.	Pije kávu.
Wohin gehen sie gern?	Kam radi chodia?
Ins Konzert.	Na koncert.
Sie hören gern Musik.	Radi počúvajú hudbu.
Wohin gehen sie nicht gern?	Kam nechodia radi?
In die Disco.	Na diskotéku.
Sie tanzen nicht gern.	Neradi tancujú.

14 [vierzehn]

14 [štrnásť]

Farben

Farby

Der Schnee ist weiß.	Sneh je biely.
Die Sonne ist gelb.	Slnko je žlté.
Die Orange ist orange.	Pomaranč je oranžový.
Die Kirsche ist rot.	Čerešňa je červená.
Der Himmel ist blau.	Obloha je modrá.
Das Gras ist grün.	Tráva je zelená.
Die Erde ist braun.	Zem je hnedá.
Die Wolke ist grau.	Mrak je sivý.
Die Reifen sind schwarz.	Pneumatiky sú čierne.
Welche Farbe hat der Schnee? Weiß.	Akú farbu má sneh? Bielu.
Welche Farbe hat die Sonne? Gelb.	Akú farbu má slnko? Žltú.
Welche Farbe hat die Orange? Orange.	Akú farbu má pomaranč? Oranžovú.
Welche Farbe hat die Kirsche? Rot.	Akú farbu má čerešňa? Červenú.
Welche Farbe hat der Himmel? Blau.	Akú farbu má obloha? Modrú.
Welche Farbe hat das Gras? Grün.	Akú farbu má tráva? Zelenú.
Welche Farbe hat die Erde? Braun.	Akú farbu má zem? Hnedú.
Welche Farbe hat die Wolke? Grau.	Akú farbu má oblak? Sivú.
Welche Farbe haben die Reifen? Schwarz.	Akú farbu majú pneumatiky? Čiernu.

15 [fünfzehn]

Früchte und Lebensmittel

15 [pätnásť]

Ovocie a potraviny

Ich habe eine Erdbeere.	Mám jahodu.
Ich habe eine Kiwi und eine Melone.	Mám kiwi a melón.
Ich habe eine Orange und eine Grapefruit.	Mám pomaranč a grapefruit.
Ich habe einen Apfel und eine Mango.	Mám jablko a mango.
Ich habe eine Banane und eine Ananas.	Mám banán a ananás.
Ich mache einen Obstsalat.	Robím ovocný šalát.
Ich esse einen Toast.	Jem toast.
Ich esse einen Toast mit Butter.	Jem toast s maslom.
Ich esse einen Toast mit Butter und Marmelade.	Jem toast s maslom a marmeládou.
Ich esse ein Sandwich.	Jem sendvič.
Ich esse ein Sandwich mit Margarine.	Jem sendvič s margarínom.
Ich esse ein Sandwich mit Margarine und Tomate.	Jem sendvič s margarínom a paradajkou.
Wir brauchen Brot und Reis.	Potrebujeme chlieb a ryžu.
Wir brauchen Fisch und Steaks.	Potrebujeme rybu a steaky.
Wir brauchen Pizza und Spagetti.	Potrebujeme pizzu a špagety.
Was brauchen wir noch?	Čo ešte potrebujeme?
Wir brauchen Karotten und Tomaten für die Suppe.	Do polievky potrebujeme mrkvu a paradajky.
Wo ist ein Supermarkt?	Kde je supermarket?

16 [sechzehn]

ahreszeiten und Wetter

16 [šestnásť]

Ročné obdobia a počasie

Das sind die Jahreszeiten:
Der Frühling, der Sommer,
der Herbst und der Winter.

To sú ročné obdobia:
Jar, leto,
jeseň a zima.

Der Sommer ist heiß.
Im Sommer scheint die Sonne.
Im Sommer gehen wir gern spazieren.

Leto je horúce.
V lete svieti slnko.
V lete sa radi chodíme prechádzať.

Der Winter ist kalt.
Im Winter schneit oder regnet es.
Im Winter bleiben wir gern zu Hause.

Zima je chladná.
V zime sneží alebo prší.
V zime radi zostávame doma.

Es ist kalt.
Es regnet.
Es ist windig.

Je chladno.
Prší.
Fúka vietor.

Es ist warm.
Es ist sonnig.
Es ist heiter.

Je teplo.
Je slnečno.
Je jasno.

Wie ist das Wetter heute?
Es ist kalt heute.
Es ist warm heute.

Aké je dnes počasie?
Dnes je chladno.
Dnes je teplo.

17 [siebzehn]

17 [sedemnásť]

Im Haus

V dome

Hier ist unser Haus.	Tu je náš dom.
Oben ist das Dach.	Hore je strecha.
Unten ist der Keller.	Dole je pivnica.
Hinter dem Haus ist ein Garten.	Za domom je záhrada.
Vor dem Haus ist keine Straße.	Pred domom nie je ulica.
Neben dem Haus sind Bäume.	Vedľa domu sú stromy.
Hier ist meine Wohnung.	Tu je môj byt.
Hier ist die Küche und das Bad.	Tu je kuchyňa a kúpeľňa.
Dort sind das Wohnzimmer und das Schlafzimmer.	Tam je obývačka a spálňa.
Die Haustür ist geschlossen.	Vchodové dvere sú zavreté.
Aber die Fenster sind offen.	Ale okná sú otvorené.
Es ist heiß heute.	Dnes je horúco.
Wir gehen in das Wohnzimmer.	Ideme do obývačky.
Dort sind ein Sofa und ein Sessel.	Je tam pohovka a kreslo.
Setzen Sie sich!	Posaďte sa!
Dort steht mein Computer.	Tam je môj počítač.
Dort steht meine Stereoanlage.	Tam je môj stereo prehrávač.
Der Fernseher ist ganz neu.	Televízor je celkom nový.

18 [achtzehn]

Hausputz

18 [osemnásť]

Domáce upratovanie

Heute ist Samstag.
Heute haben wir Zeit.
Heute putzen wir die Wohnung.

Dnes je sobota.
Dnes máme čas.
Dnes upratujeme byt.

Ich putze das Bad.
Mein Mann wäscht das Auto.
Die Kinder putzen die Fahrräder.

Čistím kúpeľňu.
Môj muž umýva auto.
Deti čistia bicykle.

Oma gießt die Blumen.
Die Kinder räumen das Kinderzimmer auf.
Mein Mann räumt seinen Schreibtisch auf.

Stará mama polieva kvety.
Deti upratujú detskú izbu.
Môj muž si upratuje svoj písací stôl.

Ich stecke die Wäsche in die Waschmaschine.
Ich hänge die Wäsche auf.
Ich bügele die Wäsche.

Dávam prádlo do práčky.
Vešiam prádlo.
Žehlím prádlo.

Die Fenster sind schmutzig.
Der Fußboden ist schmutzig.
Das Geschirr ist schmutzig.

Okná sú špinavé.
Dlážka je špinavá.
Riad je špinavý.

Wer putzt die Fenster?
Wer saugt Staub?
Wer spült das Geschirr?

Kto umýva okná?
Kto vysáva?
Kto umýva riad?

19 [neunzehn]

In der Küche

19 [devätnásť]

V kuchyni

Hast du eine neue Küche?
Was willst du heute kochen?
Kochst du elektrisch oder mit Gas?

Soll ich die Zwiebeln schneiden?
Soll ich die Kartoffeln schälen?
Soll ich den Salat waschen?

Wo sind die Gläser?
Wo ist das Geschirr?
Wo ist das Besteck?

Hast du einen Dosenöffner?
Hast du einen Flaschenöffner?
Hast du einen Korkenzieher?

Kochst du die Suppe in diesem Topf?
Brätst du den Fisch in dieser Pfanne?
Grillst du das Gemüse auf diesem Grill?

Ich decke den Tisch.
Hier sind die Messer, Gabeln und Löffel.
Hier sind die Gläser, die Teller und die Servietten.

Máš novú kuchyňu?
Čo chceš dnes variť?
Varíš na elektrike alebo na plyne?

Mám nakrájať cibuľu?
Mám ošúpať zemiaky?
Mám umyť šalát?

Kde sú poháre?
Kde je riad?
Kde je príbor?

Máš otvárač na konzervy?
Máš otvárač na fľaše?
Máš vývrtku?

Varíš polievku v tomto hrnci?
Vyprážaš rybu na tejto panvici?
Grilueš zeleninu na tomto grile?

Prestieram stôl.
Tu sú nože, vidličky a lyžičky.
Tu sú poháre, taniere a servítky.

20 [zwanzig]

Small Talk 1

20 [dvadsať]

Krátky rozhovor 1

Machen Sie es sich bequem!	Urobte si pohodlie!
Fühlen Sie sich wie zu Hause!	Cíťte sa ako doma!
Was möchten Sie trinken?	Čo si dáte na pitie?
Lieben Sie Musik?	Máte rád / rada hudbu?
Ich mag klassische Musik.	Páči sa mi klasická hudba.
Hier sind meine CDs.	Tu sú moje CD.
Spielen Sie ein Instrument?	Hráte na nejaký hudobný nástroj?
Hier ist meine Gitarre.	Tu je moja gitara.
Singen Sie gern?	Spievate rád / rada?
Haben Sie Kinder?	Máte deti?
Haben Sie einen Hund?	Máte psa?
Haben Sie eine Katze?	Máte mačku?
Hier sind meine Bücher.	Tu sú moje knihy.
Ich lese gerade dieses Buch.	Práve čítam túto knihu.
Was lesen Sie gern?	Čo rád / rada čítate?
Gehen Sie gern ins Konzert?	Rád / rada navštevujete koncerty?
Gehen Sie gern ins Theater?	Rád / rada chodievate do divadla?
Gehen Sie gern in die Oper?	Rád / rada chodievate do opery?

21 [einundzwanzig]

Small Talk 2

21 [dvadsaťjeden]

Krátky rozhovor 2

Woher kommen Sie?
Aus Basel.
Basel liegt in der Schweiz.

Odkiaľ ste?
Z Bazileja.
Bazilej je vo Švajčiarsku.

Darf ich Ihnen Herrn Müller vorstellen?
Er ist Ausländer.
Er spricht mehrere Sprachen.

Smiem Vám predstaviť pána Müllera?
Je to cudzinec.
Ovláda niekoľko jazykov.

Sind Sie zum ersten Mal hier?
Nein, ich war schon letztes Jahr hier.
Aber nur eine Woche lang.

Ste tu po prvý raz?
Nie, bol som tu už minulý rok.
Ale len jeden týždeň.

Wie gefällt es Ihnen bei uns?
Sehr gut. Die Leute sind nett.
Und die Landschaft gefällt mir auch.

Ako sa Vám u nás páči?
Veľmi sa mi tu páči. Ľudia sú milí.
A krajina sa mi páči tiež.

Was sind Sie von Beruf?
Ich bin Übersetzer.
Ich übersetze Bücher.

Aké máte povolanie?
Som prekladateľ.
Prekladám knihy.

Sind Sie allein hier?
Nein, meine Frau / mein Mann ist auch hier.
Und dort sind meine beiden Kinder.

Ste tu sám (sama)?
Nie, moja žena (môj muž) je tu tiež.
A tam sú obe moje deti.

22 [zweiundzwanzig]

22 [dvadsaťdva]

Small Talk 3

Krátky rozhovor 3

Rauchen Sie?
Früher ja.
Aber jetzt rauche ich nicht mehr.

Stört es Sie, wenn ich rauche?
Nein, absolut nicht.
Das stört mich nicht.

Trinken Sie etwas?
Einen Cognac?
Nein, lieber ein Bier.

Reisen Sie viel?
Ja, meistens sind das Geschäftsreisen.
Aber jetzt machen wir hier Urlaub.

Was für eine Hitze!
Ja, heute ist es wirklich heiß.
Gehen wir auf den Balkon.

Morgen gibt es hier eine Party.
Kommen Sie auch?
Ja, wir sind auch eingeladen.

Fajčíte?
Niekedy som fajčil.
Ale teraz už nefajčím.

Bude vám vadiť, ak budem fajčiť?
Vôbec nie.
Nevadí mi to.

Prosíte si niečo na pitie?
Koňak?
Nie, radšej pivo.

Cestujete veľa?
Áno, väčšinou sú to služobné cesty.
Ale teraz sme tu na dovolenke.

To je ale horúčava!
Áno, dnes je skutočne veľmi horúco.
Poďme na balkón.

Zajtra tu bude párty.
Prídete tiež?
Áno, tiež sme pozvaní.

23 [dreiundzwanzig]

Fremdsprachen lernen

23 [dvadsaťtri]

Učiť sa cudzie jazyk

Wo haben Sie Spanisch gelernt?	Kde ste sa naučili po španielsky?
Können Sie auch Portugiesisch?	Hovoríte aj po portugalsky?
Ja, und ich kann auch etwas Italienisch.	Áno, a hovorím aj trochu po taliansky.
Ich finde, Sie sprechen sehr gut.	Myslím si, že hovoríte veľmi dobre.
Die Sprachen sind ziemlich ähnlich.	Tie jazyky sú si dosť podobné.
Ich kann sie gut verstehen.	Rozumiem im dobre.
Aber sprechen und schreiben ist schwer.	Ale rozprávať a písať je ťažké.
Ich mache noch viele Fehler.	Robím ešte veľa chýb.
Bitte korrigieren Sie mich immer.	Vždy ma opravte, prosím.
Ihre Aussprache ist ganz gut.	Vaša výslovnosť je celkom dobrá.
Sie haben einen kleinen Akzent.	Máte slabý prízvuk.
Man erkennt, woher Sie kommen.	Človek ľahko zistí, odkiaľ ste.
Was ist Ihre Muttersprache?	Aký je váš materinský jazyk?
Machen Sie einen Sprachkurs?	Chodíte na nejaký jazykový kurz?
Welches Lehrwerk benutzen Sie?	Akú učebnicu používate?
Ich weiß im Moment nicht, wie das heißt.	Momentálne neviem, ako sa to volá.
Mir fällt der Titel nicht ein.	Nemôžem si spomenúť na názov.
Ich habe das vergessen.	Zabudol som to.

24 [vierundzwanzig]

24 [dvadsaťštyri]

Verabredung

Schôdzka

Hast du den Bus verpasst?
Ich habe eine halbe Stunde auf dich gewartet.
Hast du kein Handy bei dir?

Zmeškal(a) si autobus?
Čakal(a) som na teba pol hodiny.
Nemáš pri sebe mobilný telefón?

Sei das nächste Mal pünktlich!
Nimm das nächste Mal ein Taxi!
Nimm das nächste Mal einen Regenschirm mit!

Nabudúce buď dochvíľny (dochvíľna)!
Nabudúce choď taxíkom!
Nabudúce si zober dáždnik!

Morgen habe ich frei.
Wollen wir uns morgen treffen?
Tut mir Leid, morgen geht es bei mir nicht.

Zajtra mám voľno.
Stretneme sa zajtra?
Je mi ľúto, zajtra nemôžem.

Hast du dieses Wochenende schon etwas vor?
Oder bist du schon verabredet?
Ich schlage vor, wir treffen uns am Wochenende.

Máš už na tento víkend nejaké plány?
Alebo si už s niekým dohodnutý (dohodnutá)?
Navrhujem, aby sme sa stretli cez víkend.

Wollen wir Picknick machen?
Wollen wir an den Strand fahren?
Wollen wir in die Berge fahren?

Urobíme si piknik?
Pôjdeme na pláž?
Pôjdeme do hôr?

Ich hole dich vom Büro ab.
Ich hole dich von zu Hause ab.
Ich hole dich an der Bushaltestelle ab.

Prídem pre teba do kancelárie.
Prídem pre teba domov.
Prídem pre teba na autobusovú zastávku.

25 [fünfundzwanzig]

In der Stadt

25 [dvadsaťpäť]

V meste

Ich möchte zum Bahnhof.	Chcel by som ísť na železničnú stanicu.
Ich möchte zum Flughafen.	Chcel by som ísť na letisko.
Ich möchte ins Stadtzentrum.	Chcel by som ísť do centra.
Wie komme ich zum Bahnhof?	Ako sa dostanem na železničnú stanicu?
Wie komme ich zum Flughafen?	Ako sa dostanem na letisko?
Wie komme ich ins Stadtzentrum?	Ako sa dostanem do centra?
Ich brauche ein Taxi.	Potrebujem taxík.
Ich brauche einen Stadtplan.	Potrebujem mapu mesta.
Ich brauche ein Hotel.	Potrebujem hotel.
Ich möchte ein Auto mieten.	Chcel by som si prenajať auto.
Hier ist meine Kreditkarte.	Tu je moja kreditná karta.
Hier ist mein Führerschein.	Tu je môj vodičský preukaz.
Was gibt es in der Stadt zu sehen?	Čo všetko sa dá vidieť v meste?
Gehen Sie in die Altstadt.	Choďte do starého mesta.
Machen Sie eine Stadtrundfahrt.	Urobte si okružnú jazdu po meste.
Gehen Sie zum Hafen.	Choďte do prístavu.
Machen Sie eine Hafenrundfahrt.	Urobte si okružnú jazdu po prístave.
Welche Sehenswürdigkeiten gibt es außerdem noch?	Aké pamätihodnosti sú tu ešte okrem toho?

26 [sechsundzwanzig]

In der Natur

26 [dvadsaťšesť]

V prírode

Siehst du dort den Turm?
Siehst du dort den Berg?
Siehst du dort das Dorf?

Siehst du dort den Fluss?
Siehst du dort die Brücke?
Siehst du dort den See?

Der Vogel da gefällt mir.
Der Baum da gefällt mir.
Der Stein hier gefällt mir.

Der Park da gefällt mir.
Der Garten da gefällt mir.
Die Blume hier gefällt mir.

Ich finde das hübsch.
Ich finde das interessant.
Ich finde das wunderschön.

Ich finde das hässlich.
Ich finde das langweilig.
Ich finde das furchtbar.

Vidíš tamtú vežu?
Vidíš tamten vrch?
Vidíš tamtú dedinu?

Vidíš tamtú rieku?
Vidíš tamten most?
Vidíš tamto jazero?

Tamten vták sa mi páči.
Tamten strom sa mi páči.
Tamten kameň sa mi páči.

Tamten park sa mi páči.
Tamtá záhrada sa mi páči.
Tamten kvet sa mi páči.

Páči sa mi to.
Je to zaujímavé.
Je to nádherné.

Je to škaredé.
Je to nudné.
Je to hrozné.

27 [siebenundzwanzig]

Im Hotel – Ankunft

27 [dvadsaťsedem]

V hoteli – príchod

Haben Sie ein Zimmer frei?	Máte voľnú izbu?
Ich habe ein Zimmer reserviert.	Rezervoval som si jednu izbu.
Mein Name ist Müller.	Moje meno je Müller.
Ich brauche ein Einzelzimmer.	Potrebujem jednoposteľovú izbu.
Ich brauche ein Doppelzimmer.	Potrebujem dvojposteľovú izbu.
Wie viel kostet das Zimmer pro Nacht?	Koľko stojí izba na noc?
Ich möchte ein Zimmer mit Bad.	Chcel by som izbu s kúpeľňou.
Ich möchte ein Zimmer mit Dusche.	Chcel by som izbu so sprchou.
Kann ich das Zimmer sehen?	Môžem vidieť tú izbu?
Gibt es hier eine Garage?	Máte tu garáž?
Gibt es hier einen Safe?	Máte tu trezor?
Gibt es hier ein Fax?	Máte tu fax?
Gut, ich nehme das Zimmer.	Dobre, beriem tú izbu.
Hier sind die Schlüssel.	Tu sú kľúče.
Hier ist mein Gepäck.	Tu je moja batožina.
Um wie viel Uhr gibt es Frühstück?	Kedy sú raňajky?
Um wie viel Uhr gibt es Mittagessen?	Kedy je obed?
Um wie viel Uhr gibt es Abendessen?	Kedy je večera?

28 [achtundzwanzig]

Hotel – Beschwerden

28 [dvadsaťosem]

V hoteli – sťažnosti

Die Dusche funktioniert nicht.
Es kommt kein warmes Wasser.
Können Sie das reparieren lassen?

Sprcha nefunguje.
Netečie teplá voda.
Môžete to nechať opraviť?

Es gibt kein Telefon im Zimmer.
Es gibt keinen Fernseher im Zimmer.
Das Zimmer hat keinen Balkon.

V izbe nie je telefón.
V izbe nie je televízor.
Izba nemá balkón.

Das Zimmer ist zu laut.
Das Zimmer ist zu klein.
Das Zimmer ist zu dunkel.

Izba je príliš hlučná.
Izba je primalá.
Izba je príliš tmavá.

Die Heizung funktioniert nicht.
Die Klimaanlage funktioniert nicht.
Der Fernseher ist kaputt.

Kúrenie nefunguje.
Klimatizácia nefunguje.
Televízor je pokazený.

Das gefällt mir nicht.
Das ist mir zu teuer.
Haben Sie etwas Billigeres?

To sa mi nepáči.
To je pre mňa pridrahé.
Máte niečo lacnejšie?

Gibt es hier in der Nähe eine Jugendherberge?
Gibt es hier in der Nähe eine Pension?
Gibt es hier in der Nähe ein Restaurant?

Je tu v blízkosti mládežnícka ubytovňa?
Je tu v blízkosti penzión?
Je tu v blízkosti reštaurácia?

29 [neunundzwanzig]

Im Restaurant 1

29 [dvadsaťdeväť]

V reštaurácii 1

Ist der Tisch frei?	Je ten stôl voľný?
Ich möchte bitte die Speisekarte.	Prosím si jedálny lístok.
Was können Sie empfehlen?	Čo mi môžete odporučiť?
Ich hätte gern ein Bier.	Rád by som si dal pivo.
Ich hätte gern ein Mineralwasser.	Prosím si minerálnu vodu.
Ich hätte gern einen Orangensaft.	Prosím si pomarančovú šťavu.
Ich hätte gern einen Kaffee.	Prosím si kávu.
Ich hätte gern einen Kaffee mit Milch.	Prosím si kávu s mliekom.
Mit Zucker, bitte.	S cukrom, prosím.
Ich möchte einen Tee.	Dal / dala by som si čaj.
Ich möchte einen Tee mit Zitrone.	Dal / dala by som si čaj s citrónom.
Ich möchte einen Tee mit Milch.	Dal / dala by som si čaj s mliekom.
Haben Sie Zigaretten?	Máte cigarety?
Haben Sie einen Aschenbecher?	Máte popolník?
Haben Sie Feuer?	Máte oheň?
Mir fehlt eine Gabel.	Chýba mi vidlička.
Mir fehlt ein Messer.	Chýba mi nôž.
Mir fehlt ein Löffel.	Chýba mi lyžička.

30 [dreißig]

30 [tridsať]

Im Restaurant 2

V reštaurácii 2

Einen Apfelsaft, bitte.
Eine Limonade, bitte.
Einen Tomatensaft, bitte.

Jablkovú šťavu, prosím.
Limonádu, prosím.
Paradajkovú šťavu, prosím.

Ich hätte gern ein Glas Rotwein.
Ich hätte gern ein Glas Weißwein.
Ich hätte gern eine Flasche Sekt.

Prosím si pohár červeného vína.
Prosím si pohár bieleho vína.
Prosím si fľašu šampanského.

Magst du Fisch?
Magst du Rindfleisch?
Magst du Schweinefleisch?

Máš rád(rada) ryby?
Máš rád (rada) hovädzie mäso?
Máš rád (rada) bravčové mäso?

Ich möchte etwas ohne Fleisch.
Ich möchte eine Gemüseplatte.
Ich möchte etwas, was nicht lange dauert.

Dám si niečo bez mäsa.
Dám si zeleninovú misu.
Dám si niečo, čo sa nepripravuje dlho.

Möchten Sie das mit Reis?
Möchten Sie das mit Nudeln?
Möchten Sie das mit Kartoffeln?

Prosíte si to s ryžou?
Prosíte si to s cestovinami?
Prosíte si to so zemiakmi?

Das schmeckt mir nicht.
Das Essen ist kalt.
Das habe ich nicht bestellt.

To mi nechutí.
Jedlo je studené.
To som si neobjednal.

31 [einunddreißig]

31 [tridsaťjeden]

Im Restaurant 3

V reštaurácii 3

Ich möchte eine Vorspeise. | Dal by som si predjedlo.
Ich möchte einen Salat. | Dal by som si šalát.
Ich möchte eine Suppe. | Dal by som si polievku.

Ich möchte einen Nachtisch. | Dal by som si dezert.
Ich möchte ein Eis mit Sahne. | Dala by som si zmrzlinu so šľahačkou.
Ich möchte Obst oder Käse. | Dala by som si ovocie alebo syr.

Wir möchten frühstücken. | Radi by sme sa naraňajkovali.
Wir möchten zu Mittag essen. | Radi by sme sa naobedovali.
Wir möchten zu Abend essen. | Radi by sme sa navečerali.

Was möchten Sie zum Frühstück? | Čo chcete raňajkovať?
Brötchen mit Marmelade und Honig? | Žemle s marmeládou a medom?
Toast mit Wurst und Käse? | Toast so salámou a syrom?

Ein gekochtes Ei? | Uvarené vajíčko?
Ein Spiegelei? | Volské oko?
Ein Omelett? | Omeletu?

Bitte noch einen Joghurt. | Ešte jeden jogurt, prosím.
Bitte noch Salz und Pfeffer. | Ešte soľ a korenie, prosím.
Bitte noch ein Glas Wasser. | Ešte pohár vody, prosím.

32 [zweiunddreißig]

Im Restaurant 4

32 [tridsaťdva]

V reštaurácii 4

Einmal Pommes frites mit Ketchup.
Und zweimal mit Mayonnaise.
Und dreimal Bratwurst mit Senf.

Jedny hranolky s kečupom.
A dvakrát s majonézou.
A trikrát pečenú klobásu s horčicou.

Was für Gemüse haben Sie?
Haben Sie Bohnen?
Haben Sie Blumenkohl?

Akú máte zeleninu?
Máte fazuľu?
Máte karfiol?

Ich esse gern Mais.
Ich esse gern Gurken.
Ich esse gern Tomaten.

Rád /a jem kukuricu.
Rád /a jem uhorky.
Rád /a jem paradajky.

Essen Sie auch gern Lauch?
Essen Sie auch gern Sauerkraut?
Essen Sie auch gern Linsen?

Aj Vy máte radi pór?
Aj Vy máte radi kyslú kapustu?
Aj Vy máte radi šošovicu?

Isst du auch gern Karotten?
Isst du auch gern Brokkoli?
Isst du auch gern Paprika?

Máš tiež rád mrkvu?
Máš tiež rád brokolicu?
Máš tiež rád papriku?

Ich mag keine Zwiebeln.
Ich mag keine Oliven.
Ich mag keine Pilze.

Nemám rád (rada) cibuľu.
Nemám rád /a olivy.
Nemám rád /a huby.

33 [dreiunddreißig]

Im Bahnhof

Wann fährt der nächste Zug nach Berlin?
Wann fährt der nächste Zug nach Paris?
Wann fährt der nächste Zug nach London?

Um wie viel Uhr fährt der Zug nach Warschau?
Um wie viel Uhr fährt der Zug nach Stockholm?
Um wie viel Uhr fährt der Zug nach Budapest?

Ich möchte eine Fahrkarte nach Madrid.
Ich möchte eine Fahrkarte nach Prag.
Ich möchte eine Fahrkarte nach Bern.

Wann kommt der Zug in Wien an?
Wann kommt der Zug in Moskau an?
Wann kommt der Zug in Amsterdam an?

Muss ich umsteigen?
Von welchem Gleis fährt der Zug ab?
Gibt es Schlafwagen im Zug?

Ich möchte nur die Hinfahrt nach Brüssel.
Ich möchte eine Rückfahrkarte nach Kopenhagen.
Was kostet ein Platz im Schlafwagen?

33 [tridsaťtri]

Na železničnej stanic

Kedy ide ďalší vlak do Berlína?
Kedy ide ďalší vlak do Paríža?
Kedy ide ďalší vlak do Londýna?

O koľkej ide vlak do Varšavy?
O koľkej ide vlak do Štokholmu?
O koľkej ide vlak do Budapešti?

Chcel /a by som lístok do Madridu.
Chcel /a by som lístok do Prahy.
Chcel /a by som lístok do Bernu.

Kedy príde ten vlak do Viedne?
Kedy príde ten vlak do Moskvy?
Kedy príde ten vlak do Amsterdamu?

Musím prestupovať?
Z ktorej koľaje odchádza ten vlak?
Je vo vlaku lôžkový vozeň?

Chcel /a by som len jednosmerný lístok do Bruselu.
Chcel /a by som spiatočný cestovný lístok do Kodane.
Koľko stojí miesto v lôžkovom vozni?

34 [vierunddreißig]

Im Zug

34 [tridsaťštyri]

Vo vlaku

Ist das der Zug nach Berlin?	Je to vlak do Berlína?
Wann fährt der Zug ab?	Kedy odchádza vlak?
Wann kommt der Zug in Berlin an?	Kedy príde vlak do Berlína?
Verzeihung, darf ich vorbei?	Prepáčte, môžem prejsť?
Ich glaube, das ist mein Platz.	Myslím si, že to je moje miesto.
Ich glaube, Sie sitzen auf meinem Platz.	Myslím, že sedíte na mojom mieste.
Wo ist der Schlafwagen?	Kde je lôžkový vozeň?
Der Schlafwagen ist am Ende des Zuges.	Lôžkový vozeň je na konci vlaku.
Und wo ist der Speisewagen? – Am Anfang.	A kde je jedálenský vozeň? – Na začiatku.
Kann ich unten schlafen?	Môžem spať dole?
Kann ich in der Mitte schlafen?	Môžem spať v strede?
Kann ich oben schlafen?	Môžem spať hore?
Wann sind wir an der Grenze?	Kedy budeme na hranici?
Wie lange dauert die Fahrt nach Berlin?	Ako dlho trvá cesta do Berlína?
Hat der Zug Verspätung?	Má vlak meškanie?
Haben Sie etwas zu lesen?	Máte niečo na čítanie?
Kann man hier etwas zu essen und zu trinken bekommen?	Môžem tu dostať niečo na jedenie a pitie?
Würden Sie mich bitte um 7.00 Uhr wecken?	Zobudili by ste ma o 7.00?

35 [fünfunddreißig]

Am Flughafen

35 [tridsaťpäť]

Na letisku

Ich möchte einen Flug nach Athen buchen.
Ist das ein Direktflug?
Bitte einen Fensterplatz, Nichtraucher.

Chcel /a by som rezervovať let do Atén.
Je to priamy let?
Prosím si miesto pri okne, nefajčiar.

Ich möchte meine Reservierung bestätigen.
Ich möchte meine Reservierung stornieren.
Ich möchte meine Reservierung umbuchen.

Chcel /a by som potvrdiť svoju rezerváciu.
Chcel /a by som stornovať svoju rezerváciu.
Chcel /a by som presunúť svoju rezerváciu.

Wann geht die nächste Maschine nach Rom?
Sind noch zwei Plätze frei?
Nein, wir haben nur noch einen Platz frei.

Kedy letí ďalšie lietadlo do Ríma?
Sú ešte dve miesta voľné?
Nie, máme už len jedno voľné miesto.

Wann landen wir?
Wann sind wir da?
Wann fährt ein Bus ins Stadtzentrum?

Kedy pristaneme?
Kedy tam budeme?
Kedy ide autobus do centra?

Ist das Ihr Koffer?
Ist das Ihre Tasche?
Ist das Ihr Gepäck?

Je to váš kufor?
Je to vaša taška?
Je to vaša batožina?

Wie viel Gepäck kann ich mitnehmen?
Zwanzig Kilo.
Was, nur zwanzig Kilo?

Koľko batožiny si môžem vziať zo sebou?
Dvadsať kíl.
Čože, len dvadsať kíl?

36 [sechsunddreißig]

ffentlicher Nahverkehr

36 [tridsaťšesť]

Mestská hromadná doprava

Wo ist die Bushaltestelle?	Kde je autobusová zastávka?
Welcher Bus fährt ins Zentrum?	Ktorý autobus ide do centra?
Welche Linie muss ich nehmen?	Ktorou linkou musím ísť?
Muss ich umsteigen?	Musím presúpiť?
Wo muss ich umsteigen?	Kde musím prestúpiť?
Was kostet ein Fahrschein?	Koľko stojí cestovný lístok?
Wie viele Haltestellen sind es bis zum Zentrum?	Koľko zastávok je to ešte do centra?
Sie müssen hier aussteigen.	Tu musíte vystúpiť.
Sie müssen hinten aussteigen.	Mustíe vystúpiť vzadu.
Die nächste U-Bahn kommt in 5 Minuten.	Ďalšie metro príde o 5 minút.
Die nächste Straßenbahn kommt in 10 Minuten.	Ďalšia električka príde o 10 minút.
Der nächste Bus kommt in 15 Minuten.	Ďalší autobus príde o 15 minút.
Wann fährt die letzte U-Bahn?	Kedy ide posledné metro?
Wann fährt die letzte Straßenbahn?	Kedy ide posledná električka?
Wann fährt der letzte Bus?	Kedy ide posledný autobus?
Haben Sie einen Fahrschein?	Máte cestovný lístok?
Einen Fahrschein? – Nein, ich habe keinen.	Cestovný lístok? – Nie, nemám žiadny.
Dann müssen Sie eine Strafe zahlen.	Potom musíte zaplatiť pokutu.

37 [siebenunddreißig] 37 [tridsaťsedem]

Unterwegs / Na cestách

Er fährt mit dem Motorrad.	Jazdí na motorke.
Er fährt mit dem Fahrrad.	Jazdí na bicykli.
Er geht zu Fuß.	Ide pešo.
Er fährt mit dem Schiff.	Ide loďou.
Er fährt mit dem Boot.	Ide člnom.
Er schwimmt.	Pláva.
Ist es hier gefährlich?	Je to tu nebezpečné?
Ist es gefährlich, allein zu trampen?	Je nebezpečné stopovať sám?
Ist es gefährlich, nachts spazieren zu gehen?	Je nebezpečné prechádzať sa v noci?
Wir haben uns verfahren.	Zablúdili sme.
Wir sind auf dem falschen Weg.	Sme na nesprávnej ceste.
Wir müssen umkehren.	Musíme sa obrátiť.
Wo kann man hier parken?	Kde sa tu dá zaparkovať?
Gibt es hier einen Parkplatz?	Je tu nejaké parkovisko?
Wie lange kann man hier parken?	Ako dlho sa tu dá parkovať?
Fahren Sie Ski?	Lyžujete?
Fahren Sie mit dem Skilift nach oben?	Idete lyžiarskym vlekom hore?
Kann man hier Ski leihen?	Dajú sa tu požičať lyže?

38 [achtunddreißig]

38 [tridsaťosem]

Im Taxi

V taxíku

Rufen Sie bitte ein Taxi.	Zavolajte prosím taxík.
Was kostet es bis zum Bahnhof?	Koľko to stojí na železničnú stanicu?
Was kostet es bis zum Flughafen?	Koľko to stojí na letisko?
Bitte geradeaus.	Rovno, prosím.
Bitte hier nach rechts.	Prosím, tu doprava.
Bitte dort an der Ecke nach links.	Prosím, tam na rohu doľava.
Ich habe es eilig.	Ponáhľam sa.
Ich habe Zeit.	Mám čas.
Fahren Sie bitte langsamer.	Jazdite prosím pomalšie.
Halten Sie hier bitte.	Zastavte prosím.
Warten Sie bitte einen Moment.	Počkajte prosím chvíľu.
Ich bin gleich zurück.	Hneď som späť.
Bitte geben Sie mir eine Quittung.	Dajte mi prosím účet.
Ich habe kein Kleingeld.	Nemám drobné.
Es stimmt so, der Rest ist für Sie.	To je dobré. Zvyšok je pre Vás.
Fahren Sie mich zu dieser Adresse.	Zavezte ma na túto adresu.
Fahren Sie mich zu meinem Hotel.	Zavezte ma k hotelu.
Fahren Sie mich zum Strand.	Zavezte ma na pláž.

39 [neununddreißig]

Autopanne

39 [tridsaťdeväť]

Porucha auta

Wo ist die nächste Tankstelle?	Kde je najbližšia čerpacia stanica?
Ich habe einen Platten.	Mám defekt.
Können Sie das Rad wechseln?	Môžete vymeniť koleso?
Ich brauche ein paar Liter Diesel.	Potrebujem pár litrov nafty.
Ich habe kein Benzin mehr.	Nemám už žiaden benzín.
Haben Sie einen Reservekanister?	Máte náhradný kanister?
Wo kann ich telefonieren?	Kde si môžem zatelefonovať?
Ich brauche einen Abschleppdienst.	Potrebujem odťahovú službu.
Ich suche eine Werkstatt.	Hľadám autoopravovňu.
Es ist ein Unfall passiert.	Stala sa nehoda.
Wo ist das nächste Telefon?	Kde je najbližší telefón?
Haben Sie ein Handy bei sich?	Máte pri sebe mobilný telefón?
Wir brauchen Hilfe.	Potrebujeme pomoc.
Rufen Sie einen Arzt!	Zavolajte lekára!
Rufen Sie die Polizei!	Zavolajte políciu!
Ihre Papiere, bitte.	Vaše doklady, prosím.
Ihren Führerschein, bitte.	Váš vodičský preukaz, prosím.
Ihren Kfz-Schein, bitte.	Váš technický preukaz, prosím.

40 [vierzig]

Nach dem Weg fragen

Entschuldigen Sie!
Können Sie mir helfen?
Wo gibt es hier ein gutes Restaurant?

Gehen Sie links um die Ecke.
Gehen Sie dann ein Stück geradeaus.
Gehen Sie dann hundert Meter nach rechts.

Sie können auch den Bus nehmen.
Sie können auch die Straßenbahn nehmen.
Sie können auch einfach hinter mir herfahren.

Wie komme ich zum Fußballstadion?
Überqueren Sie die Brücke!
Fahren Sie durch den Tunnel!

Fahren Sie bis zur dritten Ampel.
Biegen Sie dann die erste Straße rechts ab.
Fahren Sie dann geradeaus über die nächste Kreuzung.

Entschuldigung, wie komme ich zum Flughafen?
Am besten nehmen Sie die U-Bahn.
Fahren Sie einfach bis zur Endstation.

40 [štyridsať]

Pýtať sa na cestu

Prepáčte!
Môžete mi pomôcť?
Kde je tu nejaká dobrá reštaurácia?

Choďte vľavo za roh.
Choďte potom kúsok rovno.
Choďte potom sto metrov doprava.

Môžete ísť aj autobusom.
Môžete ísť aj električkou.
Môžete ísť jednoducho aj za mnou.

Ako sa dostanem k futbalovému štadiónu?
Prejdite cez most!
Choďte cez tunel!

Choďte až k tretiemu semaforu.
Na prvej ulici potom odbočte doprava.
Choďte potom rovno cez ďalšiu križovatku.

Prepáčte, ako sa dostanem na letisko?
Najlepšie bude, ak pôjdete metrom.
Odvezte sa až na konečnú stanicu.

41 [einundvierzig]

41 [štyridsaťjeden]

Orientierung

Orientácia

Wo ist das Fremdenverkehrsamt?	Kde je turistická informačná kancelária?
Haben Sie einen Stadtplan für mich?	Máte pre mňa mapu mesta?
Kann man hier ein Hotelzimmer reservieren?	Dá sa tu rezervovať hotelová izba?
Wo ist die Altstadt?	Kde je staré mesto?
Wo ist der Dom?	Kde je dóm?
Wo ist das Museum?	Kde je múzeum?
Wo gibt es Briefmarken zu kaufen?	Kde sa dajú kúpiť poštové známky?
Wo gibt es Blumen zu kaufen?	Kde sa dajú kúpiť kvety?
Wo gibt es Fahrkarten zu kaufen?	Kde sa dajú kúpiť cestovné lístky?
Wo ist der Hafen?	Kde je prístav?
Wo ist der Markt?	Kde je trh?
Wo ist das Schloss?	Kde je zámok?
Wann beginnt die Führung?	Kedy začína prehliadka?
Wann endet die Führung?	Kedy končí prehliadka?
Wie lange dauert die Führung?	Ako dlho trvá prehliadka?
Ich möchte einen Führer, der Deutsch spricht.	Chcel /a by som sprievodcu, ktorý hovorí po nemecky.
Ich möchte einen Führer, der Italienisch spricht.	Chcel /a by som sprievodcu, ktorý hovorí po taliansky.
Ich möchte einen Führer, der Französisch spricht.	Chcel /a by som sprievodcu, ktorý hovorí po francúzsky.

42 [zweiundvierzig]

Stadtbesichtigung

42 [štyridsaťdva]

Prehliadka mesta

Ist der Markt sonntags geöffnet?	Je trh otvorený každú nedeľu?
Ist die Messe montags geöffnet?	Je veľtrh otvorený každý pondelok?
Ist die Ausstellung dienstags geöffnet?	Je výstava otvorená každý utorok?
Hat der Zoo mittwochs geöffnet?	Je zoo otvorené každú stredu?
Hat das Museum donnerstags geöffnet?	Je múzeum otvorené každý štvrtok?
Hat die Galerie freitags geöffnet?	Je galéria otvorená každý piatok?
Darf man fotografieren?	Môže sa tu fotografovať?
Muss man Eintritt bezahlen?	Musí sa platiť vstupné?
Wie viel kostet der Eintritt?	Koľko stojí vstupné?
Gibt es eine Ermäßigung für Gruppen?	Poskytujete zľavu pre skupiny?
Gibt es eine Ermäßigung für Kinder?	Poskytujete zľavu pre deti?
Gibt es eine Ermäßigung für Studenten?	Poskytujete zľavu pre študentov?
Was für ein Gebäude ist das?	Čo je to za budovu?
Wie alt ist das Gebäude?	Aká stará je tá budova?
Wer hat das Gebäude gebaut?	Kto postavil tú budovu?
Ich interessiere mich für Architektur.	Zaujímam sa o architektúru.
Ich interessiere mich für Kunst.	Zaujímam sa o umenie.
Ich interessiere mich für Malerei.	Zaujímam sa o maliarstvo.

43 [dreiundvierzig]

Im Zoo

43 [štyridsaťtri]

V zoo

Dort ist der Zoo.	Tam je zoo.
Dort sind die Giraffen.	Tam sú žirafy.
Wo sind die Bären?	Kde sú medvede?
Wo sind die Elefanten?	Kde sú slony?
Wo sind die Schlangen?	Kde sú hady?
Wo sind die Löwen?	Kde sú levy?
Ich habe einen Fotoapparat.	Mám fotoaparát.
Ich habe auch eine Filmkamera.	Mám tiež filmovú kameru.
Wo ist eine Batterie?	Kde je batéria?
Wo sind die Pinguine?	Kde sú tučniaky?
Wo sind die Kängurus?	Kde sú klokany?
Wo sind die Nashörner?	Kde sú nosorožce?
Wo ist eine Toilette?	Kde sú záchody?
Dort ist ein Café.	Tam je kaviareň.
Dort ist ein Restaurant.	Tam je reštaurácia.
Wo sind die Kamele?	Kde sú ťavy?
Wo sind die Gorillas und die Zebras?	Kde sú gorily a zebry?
Wo sind die Tiger und die Krokodile?	Kde sú tigre a krokodíly?

44 [vierundvierzig]

Abends ausgehen

44 [štyridsaťštyri]

Večerný program

Gibt es hier eine Diskothek?	Je tu nejaká diskotéka?
Gibt es hier einen Nachtclub?	Je tu nejaký nočný klub?
Gibt es hier eine Kneipe?	Je tu nejaká krčma?
Was gibt es heute Abend im Theater?	Čo hrajú dnes večer v divadle?
Was gibt es heute Abend im Kino?	Čo premietajú dnes večer v kine?
Was gibt es heute Abend im Fernsehen?	Čo ide dnes večer v televízii?
Gibt es noch Karten fürs Theater?	Sú ešte lístky do divadla?
Gibt es noch Karten fürs Kino?	Sú ešte lístky do kina?
Gibt es noch Karten für das Fußballspiel?	Sú ešte lístky na futbalový zápas?
Ich möchte ganz hinten sitzen.	Chcel by som sedieť celkom vzadu.
Ich möchte irgendwo in der Mitte sitzen.	Chcel by som sedieť niekde v strede.
Ich möchte ganz vorn sitzen.	Chcel by som sedieť celkom vpredu.
Können Sie mir etwas empfehlen?	Môžete mi niečo odporučiť?
Wann beginnt die Vorstellung?	Kedy začína predstavenie?
Können Sie mir eine Karte besorgen?	Môžete mi zohnať lístok?
Ist hier in der Nähe ein Golfplatz?	Je tu v blízkosti golfové ihrisko?
Ist hier in der Nähe ein Tennisplatz?	Je tu v blízkosti tenisový kurt?
Ist hier in der Nähe ein Hallenbad?	Je tu v blízkosti krytá plaváreň?

45 [fünfundvierzig]

45 [štyridsaťpäť]

Im Kino

V kine

Wir wollen ins Kino.
Heute läuft ein guter Film.
Der Film ist ganz neu.

Chceme ísť do kina.
Dnes dávajú dobrý film.
Film je celkom nový.

Wo ist die Kasse?
Gibt es noch freie Plätze?
Was kosten die Eintrittskarten?

Kde je pokladňa?
Sú ešte voľné miesta?
Koľko stoja vstupenky?

Wann beginnt die Vorstellung?
Wie lange dauert der Film?
Kann man Karten reservieren?

Kedy začína predstavenie?
Ako dlho trvá film?
Možno rezervovať vstupenky?

Ich möchte hinten sitzen.
Ich möchte vorn sitzen.
Ich möchte in der Mitte sitzen.

Chcel by som sedieť vzadu.
Chcel by som sedieť vpredu.
Chcel by som sedieť v strede.

Der Film war spannend.
Der Film war nicht langweilig.
Aber das Buch zum Film war besser.

Film bol napínavý.
Film nebol nudný.
Ale knižná predloha bola lepšia.

Wie war die Musik?
Wie waren die Schauspieler?
Gab es Untertitel in englischer Sprache?

Aká bola hudba?
Akí boli herci?
Boli titulky v anglickom jazyku?

46 [sechsundvierzig]

In der Diskothek

46 [štyridsaťšesť]

Na diskotéke

Ist der Platz hier frei?	Je toto miesto voľné?
Darf ich mich zu Ihnen setzen?	Smiem si k Vám sadnúť?
Gern.	Iste.
Wie finden Sie die Musik?	Ako sa Vám páči tá hudba?
Ein bisschen zu laut.	Je trochu hlasná.
Aber die Band spielt ganz gut.	Ale tá skupina hrá celkom dobre.
Sind Sie öfter hier?	Chodievate sem často?
Nein, das ist das erste Mal.	Nie, toto je prvý raz.
Ich war noch nie hier.	Ešte som tu nebol.
Tanzen Sie?	Zatancujete si?
Später vielleicht.	Možno neskör.
Ich kann nicht so gut tanzen.	Neviem tak dobre tancovať.
Das ist ganz einfach.	To je celkom jednoduché.
Ich zeige es Ihnen.	Ukážem Vám to.
Nein, lieber ein anderes Mal.	Nie, radšej niekedy inokedy.
Warten Sie auf jemand?	Čakáte na niekoho?
Ja, auf meinen Freund.	Áno, na môjho priateľa.
Da hinten kommt er ja!	Tam vzadu už prichádza!

47 [siebenundvierzig]

47 [štyridsaťsedem]

Reisevorbereitungen

Prípravy na cestu

Du musst unseren Koffer packen!	Musíš zbaliť náš kufor!
Du darfst nichts vergessen!	Nesmieš na nič zabudnúť!
Du brauchst einen großen Koffer!	Potrebuješ veľký kufor!
Vergiss nicht den Reisepass!	Nezabudni cestovný pas!
Vergiss nicht das Flugticket!	Nezabudni letenku!
Vergiss nicht die Reiseschecks!	Nezabudni cestovné šeky!
Nimm Sonnencreme mit.	Zober so sebou krém na opaľovanie.
Nimm die Sonnenbrille mit.	Zober so sebou slnečné okuliare.
Nimm den Sonnenhut mit.	Zober so sebou klobúk proti slnku.
Willst du eine Straßenkarte mitnehmen?	Chceš si so sebou vziať mapu?
Willst du einen Reiseführer mitnehmen?	Chceš si so sebou vziať cestovného sprievodcu?
Willst du einen Regenschirm mitnehmen?	Chceš si so sebou vziať dáždnik?
Denk an die Hosen, die Hemden, die Socken.	Nezabudni na nohavice, košele, ponožky.
Denk an die Krawatten, die Gürtel, die Sakkos.	Nezabudni na kravaty, opasky, saká.
Denk an die Schlafanzüge, die Nachthemden und die T-Shirts.	Nezabudni na pyžamy, nočné košele a tričká.
Du brauchst Schuhe, Sandalen und Stiefel.	Potrebuješ topánky, sandále a čižmy.
Du brauchst Taschentücher, Seife und eine Nagelschere.	Potrebuješ vreckovky, mydlo a nožničky na nechty.
Du brauchst einen Kamm, eine Zahnbürste und Zahnpasta.	Potrebuješ hrebeň, zubnú kefku a zubnú pastu.

48 [achtundvierzig]

Urlaubsaktivitäten

48 [štyridsaťosem]

Aktivity na dovolenke

Ist der Strand sauber?	Je tá pláž čistá?
Kann man dort baden?	Dá sa tam kúpať?
Ist es nicht gefährlich, dort zu baden?	Nie je nebezpečné kúpať sa tam?
Kann man hier einen Sonnenschirm leihen?	Je možné požičať si tu slnečník?
Kann man hier einen Liegestuhl leihen?	Je možné požičať si tu ležadlo?
Kann man hier ein Boot leihen?	Je možné požičať si tu čln?
Ich würde gern surfen.	Rád by som surfoval.
Ich würde gern tauchen.	Rád by som sa potápal.
Ich würde gern Wasserski fahren.	Rád by som jazdil na vodných lyžiach.
Kann man ein Surfbrett mieten?	Dá sa tu prenajať surf?
Kann man eine Taucherausrüstung mieten?	Dá sa tu prenajať potápačská výstroj?
Kann man Wasserskier mieten?	Dajú sa tu prenajať vodné lyže?
Ich bin erst Anfänger.	Som len začiatočník.
Ich bin mittelgut.	Som stredne dobrý.
Ich kenne mich damit schon aus.	Už s tým viem zaobchádzať.
Wo ist der Skilift?	Kde je lyžiarsky vlek?
Hast du denn Skier dabei?	Máš so sebou lyže?
Hast du denn Skischuhe dabei?	Máš so sebou lyžiarske topánky?

49 [neunundvierzig]

Sport

49 [štyridsaťdeväť]

Šport

Treibst du Sport?
Ja, ich muss mich bewegen.
Ich gehe in einen Sportverein.

Športuješ?
Áno, musím sa hýbať.
Chodím do športového klubu.

Wir spielen Fußball.
Manchmal schwimmen wir.
Oder wir fahren Rad.

Hráme futbal.
Niekedy plávame.
Alebo sa bicyklujeme.

In unserer Stadt gibt es ein Fußballstadion.
Es gibt auch ein Schwimmbad mit Sauna.
Und es gibt einen Golfplatz.

V našom meste máme futbalový štadión.
Máme tu aj plaváreň so saunou.
Máme aj golfové ihrisko.

Was gibt es im Fernsehen?
Gerade gibt es ein Fußballspiel.
Die deutsche Mannschaft spielt gegen die englische.

Čo dávajú v televízii?
Práve dávajú futbal.
Nemecké mužstvo hrá proti anglickému.

Wer gewinnt?
Ich habe keine Ahnung.
Im Moment steht es unentschieden.

Kto vyhráva?
Netuším.
V tomto momente je to nerozhodne.

Der Schiedsrichter kommt aus Belgien.
Jetzt gibt es einen Elfmeter.
Tor! Eins zu null!

Rozhodca je z Belgicka.
Teraz sa kope jedenástka.
Gól! Jedna nula!

50 [fünfzig]

Im Schwimmbad

50 [päťdesiat]

Na kúpalisku

Heute ist es heiß.	Dnes je horúco.
Gehen wir ins Schwimmbad?	Ideme na kúpalisko?
Hast du Lust, schwimmen zu gehen?	Máš chuť ísť plávať?
Hast du ein Handtuch?	Máš uterák?
Hast du eine Badehose?	Máš plavky?
Hast du einen Badeanzug?	Máš plavky?
Kannst du schwimmen?	Vieš plávať?
Kannst du tauchen?	Vieš sa potápať?
Kannst du ins Wasser springen?	Vieš skákať do vody?
Wo ist die Dusche?	Kde je sprcha?
Wo ist die Umkleidekabine?	Kde je kabínka na prezliekanie?
Wo ist die Schwimmbrille?	Kde sú plavecké okuliare?
Ist das Wasser tief?	Je voda hlboká?
Ist das Wasser sauber?	Je voda čistá?
Ist das Wasser warm?	Je voda teplá?
Ich friere.	Je mi zima.
Das Wasser ist zu kalt.	Voda je príliš studená.
Ich gehe jetzt aus dem Wasser.	Idem z vody von.

51 [einundfünfzig]

Besorgungen machen

51 [päťdesiatjeden]

Vybavovanie

Ich will in die Bibliothek.	Chcem ísť do knižnice.
Ich will in die Buchhandlung.	Chcem ísť do kníhkupectva.
Ich will zum Kiosk.	Chcem ísť do stánku.
Ich will ein Buch leihen.	Chcem si požičať knihu.
Ich will ein Buch kaufen.	Chcem si kúpiť knihu.
Ich will eine Zeitung kaufen.	Chcem si kúpiť noviny.
Ich will in die Bibliothek, um ein Buch zu leihen.	Chcem ísť do knižnice, aby som si požičala knihu.
Ich will in die Buchhandlung, um ein Buch zu kaufen.	Chcem ísť do kníhkupectva, aby som kúpila knihu.
Ich will zum Kiosk, um eine Zeitung zu kaufen.	Chcem ísť do stánku, aby som kúpila noviny.
Ich will zum Optiker.	Chcem ísť do optiky.
Ich will zum Supermarkt.	Chcem ísť do supermarketu.
Ich will zum Bäcker.	Chcem ísť k pekárovi.
Ich will eine Brille kaufen.	Chcem kúpiť okuliare.
Ich will Obst und Gemüse kaufen.	Chcem kúpiť ovocie a zeleninu.
Ich will Brötchen und Brot kaufen.	Chcem kúpiť žemle a chlieb.
Ich will zum Optiker, um eine Brille zu kaufen.	Chcem ísť do optiky, aby som kúpil(a) okuliare.
Ich will zum Supermarkt, um Obst und Gemüse zu kaufen.	Chcem ísť do supermarketu, aby som kúpil(a) ovocie a zeleninu.
Ich will zum Bäcker, um Brötchen und Brot zu kaufen.	Chcem ísť do pekárne, aby som kúpil(a) žemle a chlieb.

52 [zweiundfünfzig]

Im Kaufhaus

52 [päťdesiatdva]

V obchodnom dome

Gehen wir in ein Kaufhaus?	Ideme do obchodného domu?
Ich muss Einkäufe machen.	Musím urobiť nejaké nákupy.
Ich will viel einkaufen.	Chcem toho veľa nakúpiť.
Wo sind die Büroartikel?	Kde sú kancelárske potreby?
Ich brauche Briefumschläge und Briefpapier.	Potrebujem poštové obálky a papier.
Ich brauche Kulis und Filzstifte.	Potrebujem perá a zvýrazňovače.
Wo sind die Möbel?	Kde je nábytok?
Ich brauche einen Schrank und eine Kommode.	Potrebujem skriňu a komodu.
Ich brauche einen Schreibtisch und ein Regal.	Potrebujem písací stôl a policu.
Wo sind die Spielsachen?	Kde sú hračky?
Ich brauche eine Puppe und einen Teddybär.	Potrebujem bábiku a medvedíka.
Ich brauche einen Fußball und ein Schachspiel.	Potrebujem futbalovú loptu a šachy.
Wo ist das Werkzeug?	Kde je náradie?
Ich brauche einen Hammer und eine Zange.	Potrebujem kladivo a kliešte.
Ich brauche einen Bohrer und einen Schraubenzieher.	Potrebujem vrták a skrutkovač.
Wo ist der Schmuck?	Kde sú šperky?
Ich brauche eine Kette und ein Armband.	Potrebujem retiazku a náramok.
Ich brauche einen Ring und Ohrringe.	Potrebujem prsteň a náušnice.

53 [dreiundfünfzig]

53 [päťdesiattri]

Geschäfte

Obchody

Wir suchen ein Sportgeschäft.	Hľadáme obchod so športovými potrebami.
Wir suchen eine Fleischerei.	Hľadáme mäsiarstvo.
Wir suchen eine Apotheke.	Hľadáme lekáreň.
Wir möchten nämlich einen Fußball kaufen.	Chceli by sme totiž kúpiť futbalovú loptu.
Wir möchten nämlich Salami kaufen.	Chceli by sme totiž kúpiť salámu.
Wir möchten nämlich Medikamente kaufen.	Chceli by sme totiž kúpiť lieky.
Wir suchen ein Sportgeschäft, um einen Fußball zu kaufen.	Hľadáme obchod so športovými potrebami, aby sme kúpili futbalovú loptu.
Wir suchen eine Fleischerei, um Salami zu kaufen.	Hľadáme mäsiarstvo, aby sme kúpili salámu.
Wir suchen eine Apotheke, um Medikamente zu kaufen.	Hľadáme lekáreň, aby sme kúpili lieky.
Ich suche einen Juwelier.	Hľadám klenotníctvo.
Ich suche ein Fotogeschäft.	Hľadám foto predajňu.
Ich suche eine Konditorei.	Hľadám cukráreň.
Ich habe nämlich vor, einen Ring zu kaufen.	Chcem totiž kúpiť prsteň.
Ich habe nämlich vor, einen Film zu kaufen.	Chcem totiž kúpiť film.
Ich habe nämlich vor, eine Torte zu kaufen.	Chcem totiž kúpiť tortu.
Ich suche einen Juwelier, um einen Ring zu kaufen.	Hľadám klenotníka, aby som kúpil prsteň.
Ich suche ein Fotogeschäft, um einen Film zu kaufen.	Hľadám foto predajňu, aby som kúpil film.
Ich suche eine Konditorei, um eine Torte zu kaufen.	Hľadám cukráreň, aby som kúpil tortu.

54 [vierundfünfzig]

Einkaufen

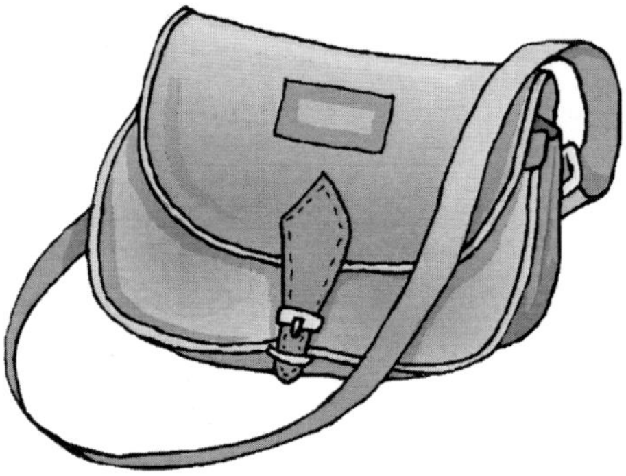

54 [päťdesiatštyri]

Nakupovanie

Ich möchte ein Geschenk kaufen.	Chcel by som kúpiť darček.
Aber nichts allzu Teueres.	Ale nič príliš drahé.
Vielleicht eine Handtasche?	Možno kabelku?
Welche Farbe möchten Sie?	Akú farbu by ste chceli?
Schwarz, braun oder weiß?	Čiernu, hnedú, alebo bielu?
Eine große oder eine kleine?	Veľkú alebo malú?
Darf ich diese mal sehen?	Môžem sa pozrieť na túto?
Ist die aus Leder?	Je z kože?
Oder ist die aus Kunststoff?	Alebo je z umelej hmoty?
Aus Leder natürlich.	Samozrejme z kože.
Das ist eine besonders gute Qualität.	To je obzvlášť dobrá kvalita.
Und die Handtasche ist wirklich sehr preiswert.	Kabelka je skutočne cenovo výhodná.
Die gefällt mir.	To sa mi páči.
Die nehme ich.	Vezmem ju.
Kann ich die eventuell umtauschen?	Môžem ju eventuálne vymeniť?
Selbstverständlich.	Samozrejme.
Wir packen sie als Geschenk ein.	Zabalíme ju ako darček.
Dort drüben ist die Kasse.	Tamto je pokladňa.

55 [fünfundfünfzig]

55 [päťdesiatpäť]

Arbeiten

Práca

Was machen Sie beruflich?	Aké máte povolanie?
Mein Mann ist Arzt von Beruf.	Môj muž je povolaním lekár.
Ich arbeite halbtags als Krankenschwester.	Pracujem ako zdravotná sestra na polovičný úväzok.
Bald bekommen wir Rente.	Čoskoro dostaneme dôchodok.
Aber die Steuern sind hoch.	Ale dane sú vysoké.
Und die Krankenversicherung ist hoch.	A zdravotné poistenie je vysoké.
Was willst du einmal werden?	Čím by si raz chcel byť?
Ich möchte Ingenieur werden.	Chcel by som byť inžinierom.
Ich will an der Universität studieren.	Chcem študovať na univerzite.
Ich bin Praktikant.	Som praktikant.
Ich verdiene nicht viel.	Nezarábam veľa.
Ich mache ein Praktikum im Ausland.	Praxujem v zahraničí.
Das ist mein Chef.	Toto je môj šéf.
Ich habe nette Kollegen.	Mám milých kolegov.
Mittags gehen wir immer in die Kantine.	Napoludnie ideme vždy do jedálne.
Ich suche eine Stelle.	Hľadám prácu.
Ich bin schon ein Jahr arbeitslos.	Už rok som nezamestnaný.
In diesem Land gibt es zu viele Arbeitslose.	V tejto krajine je veľmi veľa nezamestnaných.

56 [sechsundfünfzig]

Gefühle

56 [päťdesiatšesť]

City

Lust haben	mať chuť (na niečo, niečo robiť)
Wir haben Lust.	Máme chuť.
Wir haben keine Lust.	Nemáme chuť.
Angst haben	mať strach
Ich habe Angst.	Mám strach. / Bojím sa.
Ich habe keine Angst.	Nemám žiadny strach. / Nebojím sa.
Zeit haben	mať čas
Er hat Zeit.	Má čas.
Er hat keine Zeit.	Nemá čas.
Langeweile haben	nudiť sa
Sie hat Langeweile.	Nudí sa.
Sie hat keine Langeweile.	Nenudí sa.
Hunger haben	mať hlad, byť hladný
Habt ihr Hunger?	Máte hlad? Ste hladní?
Habt ihr keinen Hunger?	Nemáte hlad? Nie ste hladní?
Durst haben	mať smäd, byť smädný
Sie haben Durst.	Majú smäd. Sú smädní.
Sie haben keinen Durst.	Nemajú smäd. Nie sú smädní.

57 [siebenundfünfzig]

Beim Arzt

57 [päťdesiatsedem]

U lekára

Ich habe einen Termin beim Arzt.	Som objednadný u lekára.
Ich habe den Termin um zehn Uhr.	Mám termín o desiatej.
Wie ist Ihr Name?	Ako sa voláte?
Bitte nehmen Sie im Wartezimmer Platz.	Prosím posaďte sa do čakárne.
Der Arzt kommt gleich.	Lekár hneď príde.
Wo sind Sie versichert?	V akej poistovni ste poistený?
Was kann ich für Sie tun?	Čo pre Vás môžem urobiť?
Haben Sie Schmerzen?	Máte bolesti?
Wo tut es weh?	Kde to bolí?
Ich habe immer Rückenschmerzen.	Mám stále bolesti chrbta.
Ich habe oft Kopfschmerzen.	Často mávam bolesti hlavy.
Ich habe manchmal Bauchschmerzen.	Niekedy mám bolesti brucha.
Machen Sie bitte den Oberkörper frei!	Vyzlečte sa do pol pása!
Legen Sie sich bitte auf die Liege!	Ľahnite si prosím na ležadlo!
Der Blutdruck ist in Ordnung.	Krvný tlak je v poriadku.
Ich gebe Ihnen eine Spritze.	Dám Vám injekciu.
Ich gebe Ihnen Tabletten.	Dám Vám tabletky.
Ich gebe Ihnen ein Rezept für die Apotheke.	Predpíšem Vám recept do lekárne.

58 [achtundfünfzig]

58 [päťdesiatosem]

Körperteile

Časti tela

Ich zeichne einen Mann.	Kreslím muža.
Zuerst den Kopf.	Najprv hlavu.
Der Mann trägt einen Hut.	Muž má klobúk.
Die Haare sieht man nicht.	Vlasy nie je vidno.
Die Ohren sieht man auch nicht.	Uši takisto nie je vidno.
Den Rücken sieht man auch nicht.	Chrbát takisto nie je vidno.
Ich zeichne die Augen und den Mund.	Nakreslím oči a ústa.
Der Mann tanzt und lacht.	Muž tancuje a smeje sa.
Der Mann hat eine lange Nase.	Muž má dlhý nos.
Er trägt einen Stock in den Händen.	V rukách má palicu.
Er trägt auch einen Schal um den Hals.	Okolo krku má tiež šál.
Es ist Winter und es ist kalt.	Je zima a je chladno.
Die Arme sind kräftig.	Ruky sú silné.
Die Beine sind auch kräftig.	Nohy sú tiež silné.
Der Mann ist aus Schnee.	Muž je zo snehu.
Er trägt keine Hose und keinen Mantel.	Nemá nohavice ani plášť.
Aber der Mann friert nicht.	Ale nemrzne.
Er ist ein Schneemann.	Je to snehuliak.

59 [neunundfünfzig]

59 [pätdesiatdeväť]

Im Postamt

Na pošte

Wo ist das nächste Postamt?	Kde je najbližšia pošta?
Ist es weit bis zum nächsten Postamt?	Je to ďaleko k najbližšej pošte?
Wo ist der nächste Briefkasten?	Kde je najbližšia poštová schránka?
Ich brauche ein paar Briefmarken.	Potrebujem pár poštových známok.
Für eine Karte und einen Brief.	Na pohľadnicu a list.
Wie teuer ist das Porto nach Amerika?	Aké je poštovné do Ameriky?
Wie schwer ist das Paket?	Koľko váži balík?
Kann ich es per Luftpost schicken?	Môžem ho poslať leteckou poštou?
Wie lange dauert es, bis es ankommt?	Ako dlho trvá, kým príde?
Wo kann ich telefonieren?	Kde môžem telefonovať?
Wo ist die nächste Telefonzelle?	Kde je najbližšia telefónna búdka?
Haben Sie Telefonkarten?	Máte telefónne karty?
Haben Sie ein Telefonbuch?	Máte telefónny zoznam?
Kennen Sie die Vorwahl von Österreich?	Viete predvoľbu do Rakúska?
Einen Augenblick, ich schau mal nach.	Moment. Pozriem sa.
Die Leitung ist immer besetzt.	Linka je stále obsadená.
Welche Nummer haben Sie gewählt?	Aké číslo ste vytočili?
Sie müssen zuerst die Null wählen!	Najprv musíte vytočiť nulu!

60 [sechzig]

In der Bank

Ich möchte ein Konto eröffnen.
Hier ist mein Pass.
Und hier ist meine Adresse.

Ich möchte Geld auf mein Konto einzahlen.
Ich möchte Geld von meinem Konto abheben.
Ich möchte die Kontoauszüge abholen.

Ich möchte einen Reisescheck einlösen.
Wie hoch sind die Gebühren?
Wo muss ich unterschreiben?

Ich erwarte eine Überweisung aus Deutschland.
Hier ist meine Kontonummer.
Ist das Geld angekommen?

Ich möchte dieses Geld wechseln.
Ich brauche US-Dollar.
Bitte geben Sie mir kleine Scheine.

Gibt es hier einen Geldautomat?
Wie viel Geld kann man abheben?
Welche Kreditkarten kann man benutzen?

60 [šesťdesiat]

V banke

Chcel by som si otvoriť účet.
Tu je môj pas.
A tu je moja adresa.

Chcel by som na svoj účet vložiť peniaze.
Chcel by som zo svojho účtu vybrať peniaze.
Chcel by som si vyzdvihnúť výpisy z účtu.

Chcel by som vyplatiť cestovný šek.
Aké veľké sú poplatky?
Kde sa musím podpísať?

Očakávam prevod z Nemecka.
Tu je číslo môjho účtu.
Prišli už peniaze?

Chcel by som zameniť tieto peniaze.
Potrebujem americké doláre.
Dajte mi prosím malé bankovky.

Je tu niekde bankomat?
Koľko peňazí môžem vybrať?
Aké kreditné karty sa môžu používať?

61 [einundsechzig]

Ordinalzahlen

61 [šesťdesiatjeden]

Radové číslovky

Der erste Monat ist der Januar.
Der zweite Monat ist der Februar.
Der dritte Monat ist der März.

Der vierte Monat ist der April.
Der fünfte Monat ist der Mai.
Der sechste Monat ist der Juni.

Sechs Monate sind ein halbes Jahr.
Januar, Februar, März,
April, Mai und Juni.

Der siebte Monat ist der Juli.
Der achte Monat ist der August.
Der neunte Monat ist der September.

Der zehnte Monat ist der Oktober.
Der elfte Monat ist der November.
Der zwölfte Monat ist der Dezember.

Zwölf Monate sind ein Jahr.
Juli, August, September,
Oktober, November und Dezember.

Prvý mesiac je január.
Druhý mesiac je február.
Tretí mesiac je marec.

Štvrtý mesiac je apríl.
Piaty mesiac je máj.
Šiesty mesiac je jún.

Šesť mesiacov je pol roka.
Január, február, marec,
apríl, máj a jún.

Siedmy mesiac je júl.
Ôsmy mesiac je august.
Deviaty mesiac je september.

Desiaty mesiac je október.
Jedenásty mesiac je november.
Dvanásty mesiac je december.

Dvanásť mesiacov je jeden rok.
Júl, august, september,
október, november a december.

Fragen stellen 1

lernen
Lernen die Schüler viel?
Nein, sie lernen wenig.

fragen
Fragen Sie oft den Lehrer?
Nein, ich frage ihn nicht oft.

antworten
Antworten Sie, bitte.
Ich antworte.

arbeiten
Arbeitet er gerade?
Ja, er arbeitet gerade.

kommen
Kommen Sie?
Ja, wir kommen gleich.

wohnen
Wohnen Sie in Berlin?
Ja, ich wohne in Berlin.

Pýtať sa 1

učiť sa
Učia sa žiaci veľa?
Nie, učia sa málo.

pýtať sa
Pýtate sa často učiteľa?
Nie, nepýtam sa často.

odpovedať
Odpovedajte, prosím.
Odpovedám.

pracovať
Práve pracuje?
Áno, práve pracuje.

Prísť
Prídete?
Áno, hneď prídeme.

Bývať
Bývate v Berlíne?
Áno, bývam v Berlíne.

63 [dreiundsechzig]

63 [šestdesiattri]

Fragen stellen 2

Pýtať sa 2

Ich habe ein Hobby.	Mám koníčka.
Ich spiele Tennis.	Hrám tenis.
Wo ist ein Tennisplatz?	Kde je tenisový kurt?
Hast du ein Hobby?	Máš nejaký koníček?
Ich spiele Fußball.	Hrám futbal.
Wo ist ein Fußballplatz?	Kde je futbalové ihrisko?
Mein Arm tut weh.	Bolí ma rameno.
Mein Fuß und meine Hand tun auch weh.	Moja noha a moja ruka takisto bolia.
Wo ist ein Doktor?	Kde je doktor?
Ich habe ein Auto.	Mám auto.
Ich habe auch ein Motorrad.	Mám aj motorku.
Wo ist ein Parkplatz?	Kde je parkovisko?
Ich habe einen Pullover.	Mám pulóver.
Ich habe auch eine Jacke und eine Jeans.	Mám aj bundu a džínsy.
Wo ist die Waschmaschine?	Kde je práčka?
Ich habe einen Teller.	Mám tanier.
Ich habe ein Messer, eine Gabel und einen Löffel.	Mám nôž, vidličku a lyžičku.
Wo sind Salz und Pfeffer?	Kde je soľ a korenie?

64 [vierundsechzig]

Verneinung 1

64 [šesťdesiatštyri]

Zápor 1

Ich verstehe das Wort nicht.	Nerozumiem tomu slovu.
Ich verstehe den Satz nicht.	Nerozumiem tej vete.
Ich verstehe die Bedeutung nicht.	Nerozumiem významu.
der Lehrer	učiteľ
Verstehen Sie den Lehrer?	Rozumiete učiteľovi?
Ja, ich verstehe ihn gut.	Áno, rozumiem mu dobre.
die Lehrerin	učiteľka
Verstehen Sie die Lehrerin?	Rozumiete učiteľke?
Ja, ich verstehe sie gut.	Áno, rozumiem jej dobre.
die Leute	ľudia
Verstehen Sie die Leute?	Rozumiete ľuďom?
Nein, ich verstehe sie nicht so gut.	Nie, nerozumiem im veľmi dobre.
die Freundin	priateľka
Haben Sie eine Freundin?	Máte priateľku?
Ja, ich habe eine.	Áno, mám.
die Tochter	dcéra
Haben Sie eine Tochter?	Máte dcéru?
Nein, ich habe keine.	Nie, nemám.

65 [fünfundsechzig]

65 [šesťdesiatpäť]

Verneinung 2

Zápor 2

Ist der Ring teuer?	Je ten prsteň drahý?
Nein, er kostet nur hundert Euro.	Nie, stojí len sto eur.
Aber ich habe nur fünfzig.	Ale mám len päťdesiať.
Bist du schon fertig?	Si už hotový?
Nein, noch nicht.	Nie, ešte nie.
Aber gleich bin ich fertig.	Ale hneď budem hotový.
Möchtest du noch Suppe?	Chcel by si ešte polievku?
Nein, ich will keine mehr.	Nie, už nechcem.
Aber noch ein Eis.	Ale ešte jednu zmrzlinu.
Wohnst du schon lange hier?	Bývaš tu už dlho?
Nein, erst einen Monat.	Nie, len jeden mesiac.
Aber ich kenne schon viele Leute.	Ale poznám už veľa ľudí.
Fährst du morgen nach Hause?	Ideš zajtra domov?
Nein, erst am Wochenende.	Nie, až cez víkend.
Aber ich komme schon am Sonntag zurück.	Ale vrátim sa už v nedeľu.
Ist deine Tochter schon erwachsen?	Je tvoja dcéra už dospelá?
Nein, sie ist erst siebzehn.	Nie, má iba sedemnásť.
Aber sie hat schon einen Freund.	Ale už má priateľa.

66 [sechsundsechzig]

Possessivpronomen 1

ich – mein

Ich finde meinen Schlüssel nicht.

Ich finde meine Fahrkarte nicht.

du – dein

Hast du deinen Schlüssel gefunden?

Hast du deine Fahrkarte gefunden?

er – sein

Weißt du, wo sein Schlüssel ist?

Weißt du, wo seine Fahrkarte ist?

sie – ihr

Ihr Geld ist weg.

Und ihre Kreditkarte ist auch weg.

wir – unser

Unser Opa ist krank.

Unsere Oma ist gesund.

ihr – euer

Kinder, wo ist euer Vati?

Kinder, wo ist eure Mutti?

66 [šesťdesiatšesť]

Privlastňovacie zámená 1

ja – môj

Nemôžem nájsť svoj kľúč.

Nemôžem nájsť svoj cestovný lístok.

ty -tvoj

Našiel si už svoje kľúče?

Našiel si už svoje cestovné lístky?

on – jeho

Vieš, kde je jeho kľúč?

Vieš, kde je jeho cestovný lístok?

ona – jej

Jej peniaze sú preč.

A jej kreditná karta je tiež preč.

my – náš, naša, naše

Náš dedko je chorý.

Naša babka je zdravá.

vy – váš, vaša, vaše

Deti, kde je váš ocko?

Deti, kde je vaša mamička?

67 [siebenundsechzig]

Possessivpronomen 2

die Brille
Er hat seine Brille vergessen.
Wo hat er denn seine Brille?

die Uhr
Seine Uhr ist kaputt.
Die Uhr hängt an der Wand.

der Pass
Er hat seinen Pass verloren.
Wo hat er denn seinen Pass?

sie – ihr
Die Kinder können ihre Eltern nicht finden.
Aber da kommen ja ihre Eltern!

Sie – Ihr
Wie war Ihre Reise, Herr Müller?
Wo ist Ihre Frau, Herr Müller?

Sie – Ihr
Wie war Ihre Reise, Frau Schmidt?
Wo ist Ihr Mann, Frau Schmidt?

67 [šesťdesiatsedem]

Privlastňovacie zámen

okuliare
Zabudol si svoje okuliare.
Kde len má svoje okuliare?

hodinky
Jeho hodinky sú pokazené.
Hodiny visia na stene.

pas
Stratil svoj pas.
Kde len má svoj pas?

oni-ich
Deti nemôžu nájsť svojich rodičov.
Ale tu už prichádzajú ich rodičia!

Vy – Váš, Vaša, Vaše
Aká bola Vaša cesta, pán Müller?
Kde je Vaša žena, pán Müller?

Vy – Váš, Vaša, Vaše
Aká bola Vaša cesta, pani Schmidtová?
Kde je Váš muž, pani Schmidtová?

68 [achtundsechzig]

groß – klein

68 [šesťdesiatosem]

Veľký – malý

groß und klein
Der Elefant ist groß.
Die Maus ist klein.

dunkel und hell
Die Nacht ist dunkel.
Der Tag ist hell.

alt und jung
Unser Großvater ist sehr alt.
Vor 70 Jahren war er noch jung.

schön und hässlich
Der Schmetterling ist schön.
Die Spinne ist hässlich.

dick und dünn
Eine Frau mit 100 Kilo ist dick.
Ein Mann mit 50 Kilo ist dünn.

teuer und billig
Das Auto ist teuer.
Die Zeitung ist billig.

veľký a malý
Slon je veľký.
Myš je malá.

tmavý a svetlý
Noc je tmavá.
Deň je svetlý.

starý a mladý
Náš dedko je veľmi starý.
Pred 70 rokmi bol ešte mladý.

pekný a škaredý
Motýľ je pekný.
Pavúk je škaredý.

tlstý a chudý
Žena, vážiaca 100 kilogramov, je tlstá.
Muž, vážiaci 50 kilogramov, je chudý.

drahý a lacný
Auto je drahé.
Noviny sú lacné.

69 [neunundsechzig]

69 [šesťdesiatdeväť]

brauchen – wollen

Potrebovať – chcieť

Ich brauche ein Bett.	Potrebujem posteľ.
Ich will schlafen.	Chcem spať.
Gibt es hier ein Bett?	Je tu posteľ?
Ich brauche eine Lampe.	Potrebujem lampu.
Ich will lesen.	Chcem čítať.
Gibt es hier eine Lampe?	Je tu lampa?
Ich brauche ein Telefon.	Potrebujem telefón.
Ich will telefonieren.	Chcem telefonovať.
Gibt es hier ein Telefon?	Je tu telefón?
Ich brauche eine Kamera.	Potrebujem fotoaparát.
Ich will fotografieren.	Chcem fotografovať.
Gibt es hier eine Kamera?	Je tu fotoaparát?
Ich brauche einen Computer.	Potrebujem počítač.
Ich will eine E-Mail schicken.	Chcem poslať e-mail.
Gibt es hier einen Computer?	Je tu nejaký počítač?
Ich brauche einen Kuli.	Potrebujem gulôčkové pero.
Ich will etwas schreiben.	Chcem niečo napísať.
Gibt es hier ein Blatt Papier und einen Kuli?	Je tu kúsok papiera a gulôčkové pero?

70 [siebzig]

etwas *mögen*

70 [sedemdesiat]

Niečo chcieť, želať si

Möchten Sie rauchen?	Chceli by ste fajčiť?
Möchten Sie tanzen?	Chceli by ste tancovať?
Möchten Sie spazieren gehen?	Chceli by ste sa ísť prechádzať?
Ich möchte rauchen.	Chcel by som fajčiť.
Möchtest du eine Zigarette?	Chcel(a) by si cigaretu?
Er möchte Feuer.	Chcel by oheň.
Ich möchte etwas trinken.	Chcel(a) by som niečo piť.
Ich möchte etwas essen.	Chcel(a) by som niečo jesť.
Ich möchte mich etwas ausruhen.	Chcel(a) by som si trochu odpočinúť.
Ich möchte Sie etwas fragen.	Chcel(a) by som sa Vás niečo spýtať.
Ich möchte Sie um etwas bitten.	Chcel(a) by som Vás o niečo poprosiť.
Ich möchte Sie zu etwas einladen.	Chcel(a) by som Vás na niečo pozvať.
Was möchten Sie bitte?	Čo si želáte, prosím?
Möchten Sie einen Kaffee?	Želáte si kávu?
Oder möchten Sie lieber einen Tee?	Alebo si radšej želáte čaj?
Wir möchten nach Hause fahren.	Chceli by sme ísť domov.
Möchtet ihr ein Taxi?	Chceli by ste taxík?
Sie möchten telefonieren.	Chceli by telefonovať.

71 [einundsiebzig]

71 [sedemdesiatjeden]

etwas *wollen*

Niečo chcieť

Was wollt ihr?	Čo chcete?
Wollt ihr Fußball spielen?	Chcete hrať futbal?
Wollt ihr Freunde besuchen?	Chcete navštíviť priateľov?
wollen	chcieť
Ich will nicht spät kommen.	Nechcem prísť neskoro.
Ich will nicht hingehen.	Nechcem tam ísť.
Ich will nach Hause gehen.	Chcem ísť domov.
Ich will zu Hause bleiben.	Chcem zostať doma.
Ich will allein sein.	Chcem byť sám.
Willst du hier bleiben?	Chceš tu zostať?
Willst du hier essen?	Chceš tu jesť?
Willst du hier schlafen?	Chceš tu spať?
Wollen Sie morgen abfahren?	Chcete zajtra odcestovať?
Wollen Sie bis morgen bleiben?	Chcete zostať do zajtra?
Wollen Sie die Rechnung erst morgen bezahlen?	Chcete zaplatiť účet až zajtra?
Wollt ihr in die Disko?	Chcete ísť na diskotéku?
Wollt ihr ins Kino?	Chcete ísť do kina?
Wollt ihr ins Café?	Chcete ísť do kaviarne?

72 [zweiundsiebzig]

72 [sedemdesiatdva]

etwas *müssen*

Niečo musieť

müssen	musieť
Ich muss den Brief verschicken.	Musím odoslať list.
Ich muss das Hotel bezahlen.	Musím zaplatiť hotel.
Du musst früh aufstehen.	Musíš vstať skoro.
Du musst viel arbeiten.	Musíš veľa pracovať.
Du musst pünktlich sein.	Musíš byť dochvíľny.
Er muss tanken.	Musí tankovať.
Er muss das Auto reparieren.	Musí opraviť auto.
Er muss das Auto waschen.	Musí umyť auto.
Sie muss einkaufen.	Musí nakupovať.
Sie muss die Wohnung putzen.	Musí vyčistiť byt.
Sie muss die Wäsche waschen.	Musí vyprať bielizeň.
Wir müssen gleich zur Schule gehen.	Musíme ísť ihneď do školy.
Wir müssen gleich zur Arbeit gehen.	Musíme ísť ihneď do práce.
Wir müssen gleich zum Arzt gehen.	Musíme ísť ihneď k lekárovi.
Ihr müsst auf den Bus warten.	Musíte počkať na autobus.
Ihr müsst auf den Zug warten.	Musíte počkať na vlak.
Ihr müsst auf das Taxi warten.	Musíte počkať na taxík.

73 [dreiundsiebzig]

etwas *dürfen*

73 [sedemdesiattri]

Niečo smieť, môcť

Darfst du schon Auto fahren?	Smieš už šoférovať auto?
Darfst du schon Alkohol trinken?	Smieš už piť alkohol?
Darfst du schon allein ins Ausland fahren?	Smieš už ísť sám do zahraničia?
dürfen	smieť, môcť
Dürfen wir hier rauchen?	Môžeme tu fajčiť?
Darf man hier rauchen?	Môže sa tu fajčiť?
Darf man mit Kreditkarte bezahlen?	Môže sa tu platiť kreditnou kartou?
Darf man mit Scheck bezahlen?	Môže sa tu platiť šekom?
Darf man nur bar bezahlen?	Môže sa zaplatiť len v hotovosti?
Darf ich mal eben telefonieren?	Môžem si len zatelefonovať?
Darf ich mal eben etwas fragen?	Môžem sa len niečo spýtať?
Darf ich mal eben etwas sagen?	Môžem len niečo povedať?
Er darf nicht im Park schlafen.	Nesmie spať v parku.
Er darf nicht im Auto schlafen.	Nesmie spať v aute.
Er darf nicht im Bahnhof schlafen.	Nesmie spať na stanici.
Dürfen wir Platz nehmen?	Smieme si sadnúť?
Dürfen wir die Speisekarte haben?	Môžete nám priniesť jedálny lístok?
Dürfen wir getrennt zahlen?	Môžeme platiť zvlášť?

74 [vierundsiebzig]

um etwas *bitten*

74 [sedemdesiatštyri]

O niečo poprosiť

Können Sie mir die Haare schneiden?	Môžete mi ostrihať vlasy?
Nicht zu kurz, bitte.	Nie príliš na krátko, prosím.
Etwas kürzer, bitte.	Trochu kratšie, prosím.
Können Sie die Bilder entwickeln?	Môžete vyvolať fotky?
Die Fotos sind auf der CD.	Fotky sú na CD.
Die Fotos sind in der Kamera.	Fotky sú vo fotoaparáte.
Können Sie die Uhr reparieren?	Môžete opraviť tie hodiny?
Das Glas ist kaputt.	Sklo je rozbité.
Die Batterie ist leer.	Batéria je prázdna.
Können Sie das Hemd bügeln?	Môžete vyžehliť tú košeľu?
Können Sie die Hose reinigen?	Môžete vyčistiť tie nohavice?
Können Sie die Schuhe reparieren?	Môžete opraviť tie topánky?
Können Sie mir Feuer geben?	Môžete mi dať oheň?
Haben Sie Streichhölzer oder ein Feuerzeug?	Máte zápalky alebo zapaľovač?
Haben Sie einen Aschenbecher?	Máte popolník?
Rauchen Sie Zigarren?	Fajčíte cigary?
Rauchen Sie Zigaretten?	Fajčíte cigarety?
Rauchen Sie Pfeife?	Fajčíte fajku?

75 [fünfundsiebzig]

75 [sedemdesiatpäť]

etwas *begründen* 1

Niečo zdôvodniť 1

Warum kommen Sie nicht?	Prečo neprídete?
Das Wetter ist so schlecht.	Počasie je také zlé.
Ich komme nicht, weil das Wetter so schlecht ist.	Neprídem, pretože počasie je také zlé.
Warum kommt er nicht?	Prečo nepríde?
Er ist nicht eingeladen.	Nie je pozvaný.
Er kommt nicht, weil er nicht eingeladen ist.	Nepríde, pretože nie je pozvaný.
Warum kommst du nicht?	Prečo neprídeš?
Ich habe keine Zeit.	Nemám čas.
Ich komme nicht, weil ich keine Zeit habe.	Neprídem, pretože nemám čas.
Warum bleibst du nicht?	Prečo nezostaneš?
Ich muss noch arbeiten.	Musím ešte pracovať.
Ich bleibe nicht, weil ich noch arbeiten muss.	Nezostanem, pretože musím ešte pracovať.
Warum gehen Sie schon?	Prečo už idete?
Ich bin müde.	Som unavený.
Ich gehe, weil ich müde bin.	Idem, pretože som unavený.
Warum fahren Sie schon?	Prečo už cestujete?
Es ist schon spät.	Je už neskoro.
Ich fahre, weil es schon spät ist.	Cestujem, pretože je už neskoro.

76 [sechsundsiebzig]

etwas *begründen* 2

76 [sedemdesiatšesť]

Niečo zdôvodniť 2

Warum bist du nicht gekommen?	Prečo si neprišiel?
Ich war krank.	Bol som chorý.
Ich bin nicht gekommen, weil ich krank war.	Neprišiel som, pretože som bol chorý.
Warum ist sie nicht gekommen?	Prečo neprišla?
Sie war müde.	Bola unavená.
Sie ist nicht gekommen, weil sie müde war.	Neprišla, pretože bola unavená.
Warum ist er nicht gekommen?	Prečo neprišiel?
Er hatte keine Lust.	Nemal chuť.
Er ist nicht gekommen, weil er keine Lust hatte.	Neprišiel, pretože nemal chuť.
Warum seid ihr nicht gekommen?	Prečo ste neprišli?
Unser Auto ist kaputt.	Naše auto je pokazené.
Wir sind nicht gekommen, weil unser Auto kaputt ist.	Neprišli sme, pretože naše auto je pokazené.
Warum sind die Leute nicht gekommen?	Prečo tí ľudia neprišli?
Sie haben den Zug verpasst.	Zmeškali vlak.
Sie sind nicht gekommen, weil sie den Zug verpasst haben.	Neprišli, pretože zmeškali vlak.
Warum bist du nicht gekommen?	Prečo si neprišiel?
Ich durfte nicht.	Nesmel som.
Ich bin nicht gekommen, weil ich nicht durfte.	Neprišiel som, lebo som nesmel.

77 [siebenundsiebzig]

etwas *begründen* 3

77 [sedemdesiatsedem

Niečo zdôvodniť 3

Warum essen Sie die Torte nicht?
Ich muss abnehmen.
Ich esse sie nicht, weil ich abnehmen muss.

Prečo nejete tortu?
Musím schudnúť.
Nejem ju, pretože musím schudnúť.

Warum trinken Sie das Bier nicht?
Ich muss noch fahren.
Ich trinke es nicht, weil ich noch fahren muss.

Prečo nepijete pivo?
Musím ešte šoférovať.
Nepijem ho, pretože musím ešte šoférovať.

Warum trinkst du den Kaffee nicht?
Er ist kalt.
Ich trinke ihn nicht, weil er kalt ist.

Prečo nepiješ kávu?
Je studená.
Nepijem ju, pretože je studená.

Warum trinkst du den Tee nicht?
Ich habe keinen Zucker.
Ich trinke ihn nicht, weil ich keinen Zucker habe.

Prečo nepiješ ten čaj?
Nemám cukor.
Nepijem ho, pretože nemám cukor.

Warum essen Sie die Suppe nicht?
Ich habe sie nicht bestellt.
Ich esse sie nicht, weil ich sie nicht bestellt habe.

Prečo nejete tú polievku?
Neobjednal som ju.
Nejem ju, pretože som ju neobjednal.

Warum essen Sie das Fleisch nicht?
Ich bin Vegetarier.
Ich esse es nicht, weil ich Vegetarier bin.

Prečo nejete to mäso?
Som vegetarián.
Nejem ho, pretože som vegetarián.

Adjektive 1

Prídavné mená 1

eine alte Frau	stará žena
eine dicke Frau	tlstá žena
eine neugierige Frau	zvedavá žena
ein neuer Wagen	nové vozidlo
ein schneller Wagen	rýchle vozidlo
ein bequemer Wagen	pohodlné vozidlo
ein blaues Kleid	modré šaty
ein rotes Kleid	červené šaty
ein grünes Kleid	zelené šaty
eine schwarze Tasche	čierna taška
eine braune Tasche	hnedá taška
eine weiße Tasche	biela taška
nette Leute	milí ľudia
höfliche Leute	zdvorilí ľudia
interessante Leute	zaujímaví ľudia
liebe Kinder	milé deti
freche Kinder	drzé deti
brave Kinder	poslušné deti

79 [neunundsiebzig]

Adjektive 2

79 [sedemdesiatdevät

Prídavné mená 2

Ich habe ein blaues Kleid an.
Ich habe ein rotes Kleid an.
Ich habe ein grünes Kleid an.

Ich kaufe eine schwarze Tasche.
Ich kaufe eine braune Tasche.
Ich kaufe eine weiße Tasche.

Ich brauche einen neuen Wagen.
Ich brauche einen schnellen Wagen.
Ich brauche einen bequemen Wagen.

Da oben wohnt eine alte Frau.
Da oben wohnt eine dicke Frau.
Da unten wohnt eine neugierige Frau.

Unsere Gäste waren nette Leute.
Unsere Gäste waren höfliche Leute.
Unsere Gäste waren interessante Leute.

Ich habe liebe Kinder.
Aber die Nachbarn haben freche Kinder.
Sind Ihre Kinder brav?

Mám na sebe modré šaty.
Mám na sebe červené šaty.
Mám na sebe zelené šaty.

Kúpim čiernu tašku.
Kúpim hnedú tašku.
Kúpim bielu tašku.

Potrebujem nové auto.
Potrebujem rýchle auto.
Potrebujem pohodlné auto.

Tam hore býva stará žena.
Tam hore býva tlstá žena.
Tam dole býva zvedavá žena.

Naši hostia boli milí ľudia.
Naši hostia boli zdvorilí ľudia.
Naši hostia boli zaujímaví ľudia.

Mám milé deti.
Ale susedia majú drzé deti.
Sú vaše deti poslušné?

Adjektive 3

Prídavné mená 3

Sie hat einen Hund.	Má psa.
Der Hund ist groß.	Ten pes je veľký.
Sie hat einen großen Hund.	Má veľkého psa.
Sie hat ein Haus.	Má dom.
Das Haus ist klein.	Ten dom je malý.
Sie hat ein kleines Haus.	Má malý dom.
Er wohnt in einem Hotel.	Býva v hoteli.
Das Hotel ist billig.	Ten hotel je lacný.
Er wohnt in einem billigen Hotel.	Býva v lacnom hoteli.
Er hat ein Auto.	Má auto.
Das Auto ist teuer.	To auto je drahé.
Er hat ein teures Auto.	Má drahé auto.
Er liest einen Roman.	Číta román.
Der Roman ist langweilig.	Ten román je nudný.
Er liest einen langweiligen Roman.	Číta nudný román.
Sie sieht einen Film.	Pozerá film.
Der Film ist spannend.	Ten film je napínavý.
Sie sieht einen spannenden Film.	Pozerá napínavý film.

81 [einundachtzig]

81 [osemdesiatjeden]

Vergangenheit 1

Minulý čas 1

schreiben	písať
Er schrieb einen Brief.	Písal list.
Und sie schrieb eine Karte.	A ona písala pohľadnicu.
lesen	čítať
Er las eine Illustrierte.	Čítal časopis.
Und sie las ein Buch.	A ona čítala knihu.
nehmen	vziať, zobrať
Er nahm eine Zigarette.	Vzal si cigaretu.
Sie nahm ein Stück Schokolade.	Vzala si kúsok čokolády.
Er war untreu, aber sie war treu.	On bol neverný, ale ona bola verná.
Er war faul, aber sie war fleißig.	On bol lenivý, ale ona bola usilovná.
Er war arm, aber sie war reich.	On bol chudobný, ale ona bola bohatá.
Er hatte kein Geld, sondern Schulden.	Nemal peniaze, ale dlhy.
Er hatte kein Glück, sondern Pech.	Nemal šťastie, ale smolu.
Er hatte keinen Erfolg, sondern Misserfolg.	Nemal úspech, ale neúspech.
Er war nicht zufrieden, sondern unzufrieden.	Nebol spokojný, ale nespokojný.
Er war nicht glücklich, sondern unglücklich.	Nebol šťastný, ale nešťastný.
Er war nicht sympathisch, sondern unsympathisch.	Nebol sympatický, ale nesympatický.

82 [zweiundachtzig]

Vergangenheit 2

82 [osemdesiatdva]

Minulý čas 2

Musstest du einen Krankenwagen rufen?	Musel si zavolať sanitku?
Musstest du den Arzt rufen?	Musel si zavolať lekára?
Musstest du die Polizei rufen?	Musel si zavolať políciu?
Haben Sie die Telefonnummer? Gerade hatte ich sie noch.	Máte telefónne číslo? Pred chvíľou som ho ešte mal.
Haben Sie die Adresse? Gerade hatte ich sie noch.	Máte adresu? Pred chvíľou som ju ešte mal.
Haben Sie den Stadtplan? Gerade hatte ich ihn noch.	Máte mapu mesta? Pred chvíľou som ju ešte mal.
Kam er pünktlich? Er konnte nicht pünktlich kommen.	Prišiel načas? Nemohol prísť načas.
Fand er den Weg? Er konnte den Weg nicht finden.	Našiel cestu? Nemohol nájsť cestu.
Verstand er dich? Er konnte mich nicht verstehen.	Rozumel ti? Nerozumel mi.
Warum konntest du nicht pünktlich kommen?	Prečo si nemohol prísť načas?
Warum konntest du den Weg nicht finden?	Prečo si nemohol nájsť cestu?
Warum konntest du ihn nicht verstehen?	Prečo si mu nemohol rozumieť?
Ich konnte nicht pünktlich kommen, weil kein Bus fuhr.	Nemohol som prísť načas, pretože nešiel žiaden autobus.
Ich konnte den Weg nicht finden, weil ich keinen Stadtplan hatte.	Nemohol som nájsť cestu, pretože som nemal mapu mesta.
Ich konnte ihn nicht verstehen, weil die Musik so laut war.	Nerozumel som mu, pretože hudba bola príliš hlasná.
Ich musste ein Taxi nehmen.	Musel som ísť taxíkom.
Ich musste einen Stadtplan kaufen.	Musel som kúpiť mapu mesta.
Ich musste das Radio ausschalten.	Musel som vypnúť rádio.

83 [dreiundachtzig]

Vergangenheit 3

83 [osemdesiattri]

Minulý čas 3

telefonieren	telefonovať
Ich habe telefoniert.	Telefonoval som.
Ich habe die ganze Zeit telefoniert.	Celý čas som telefonoval.
fragen	pýtať sa
Ich habe gefragt.	Opýtal som sa.
Ich habe immer gefragt.	Vždy som sa pýtal.
erzählen	rozprávať
Ich habe erzählt.	Rozprával som.
Ich habe die ganze Geschichte erzählt.	Rozprával som celý príbeh.
lernen	učiť sa
Ich habe gelernt.	Učil som sa.
Ich habe den ganzen Abend gelernt.	Učil som sa celý večer.
arbeiten	pracovať
Ich habe gearbeitet.	Pracoval som.
Ich habe den ganzen Tag gearbeitet.	Pracoval som celý deň.
essen	jesť
Ich habe gegessen.	Jedol som.
Ich habe das ganze Essen gegessen.	Zjedol som celé jedlo.

84 [vierundachtzig]

Vergangenheit 4

84 [osemdesiatštyri]

Minulý čas 4

lesen
Ich habe gelesen.
Ich habe den ganzen Roman gelesen.

čítať
Čítal som.
Prečítal som celý román.

verstehen
Ich habe verstanden.
Ich habe den ganzen Text verstanden.

rozumieť
Rozumel som.
Pochopil som celý text.

antworten
Ich habe geantwortet.
Ich habe auf alle Fragen geantwortet.

odpovedať
Odpovedal som.
Odpovedal som na všetky otázky.

Ich weiß das – ich habe das gewusst.
Ich schreibe das – ich habe das geschrieben.
Ich höre das – ich habe das gehört.

Viem to – vedel som to.
Píšem to – napísal som to.
Počujem to – počul som to.

Ich hole das – ich habe das geholt.
Ich bringe das – ich habe das gebracht.
Ich kaufe das – ich habe das gekauft.

Prinesiem to – priniesol som to.
Donesiem to – doniesol som to.
Kúpim to – kúpil som to.

Ich erwarte das – ich habe das erwartet.
Ich erkläre das – ich habe das erklärt.
Ich kenne das – ich habe das gekannt.

Očakávam to – očakával som to.
Vysvetľujem to – vysvetlil som to.
Poznám to – poznal som to.

85 [fünfundachtzig]

85 [osemdesiatpäť]

Fragen – Vergangenheit 1

Otázky – minulý čas

Wie viel haben Sie getrunken?
Wie viel haben Sie gearbeitet?
Wie viel haben Sie geschrieben?

Koľko ste vypili?
Koľko ste pracovali?
Koľko ste napísali?

Wie haben Sie geschlafen?
Wie haben Sie die Prüfung bestanden?
Wie haben Sie den Weg gefunden?

Ako ste spali?
Ako ste spravili skúšku?
Ako ste našli cestu?

Mit wem haben Sie gesprochen?
Mit wem haben Sie sich verabredet?
Mit wem haben Sie Geburtstag gefeiert?

S kým ste sa rozprávali?
S kým ste sa dohodli?
S kým ste oslavovali narodeniny?

Wo sind Sie gewesen?
Wo haben Sie gewohnt?
Wo haben Sie gearbeitet?

Kde ste boli?
Kde ste bývali?
Kde ste pracovali?

Was haben Sie empfohlen?
Was haben Sie gegessen?
Was haben Sie erfahren?

Čo ste odporučili?
Čo ste jedli?
Čo ste sa dozvedeli?

Wie schnell sind Sie gefahren?
Wie lange sind Sie geflogen?
Wie hoch sind Sie gesprungen?

Ako rýchlo ste išli?
Ako dlho ste leteli?
Ako vysoko ste vyskočili?

86 [sechsundachtzig]

agen – Vergangenheit 2

86 [osemdesiatšesť]

Otázky – minulý čas 2

Welche Krawatte hast du getragen?
Welches Auto hast du gekauft?
Welche Zeitung hast du abonniert?

Ktorú kravatu si nosil?
Ktoré auto si kúpil?
Ktoré noviny si si predplatil?

Wen haben Sie gesehen?
Wen haben Sie getroffen?
Wen haben Sie erkannt?

Koho ste videli?
Koho ste stretli?
Koho ste spoznali?

Wann sind Sie aufgestanden?
Wann haben Sie begonnen?
Wann haben Sie aufgehört?

Kedy ste vstali?
Kedy ste začali?
Kedy ste prestali?

Warum sind Sie aufgewacht?
Warum sind Sie Lehrer geworden?
Warum haben Sie ein Taxi genommen?

Prečo ste sa zobudili?
Prečo ste sa stali učiteľom?
Prečo ste išli taxíkom?

Woher sind Sie gekommen?
Wohin sind Sie gegangen?
Wo sind Sie gewesen?

Odkiaľ ste prišli?
Kam ste išli?
Kde ste boli?

Wem hast du geholfen?
Wem hast du geschrieben?
Wem hast du geantwortet?

Komu si pomohol?
Komu si písal?
Komu si odpovedal?

87 [siebenundachtzig]

Vergangenheit der Modalverben 1

87 [osemdesiatsedem

Minulý čas modálnyc slovies 1

Wir mussten die Blumen gießen.
Wir mussten die Wohnung aufräumen.
Wir mussten das Geschirr spülen.

Musstet ihr die Rechnung bezahlen?
Musstet ihr Eintritt bezahlen?
Musstet ihr eine Strafe bezahlen?

Wer musste sich verabschieden?
Wer musste früh nach Hause gehen?
Wer musste den Zug nehmen?

Wir wollten nicht lange bleiben.
Wir wollten nichts trinken.
Wir wollten nicht stören.

Ich wollte eben telefonieren.
Ich wollte ein Taxi bestellen.
Ich wollte nämlich nach Haus fahren.

Ich dachte, du wolltest deine Frau anrufen.
Ich dachte, du wolltest die Auskunft anrufen.
Ich dachte, du wolltest eine Pizza bestellen.

Museli sme polievať kvetiny.
Museli sme upratať byt.
Museli sme umyť riad.

Museli ste zaplatiť účet?
Museli ste zaplatiť vstup?
Museli ste zaplatiť pokutu?

Kto sa musel rozlúčiť?
Kto musel ísť skoro domov?
Kto musel ísť vlakom?

Nechceli sme dlho zostať.
Nechceli sme nič piť.
Nechceli sme rušiť.

Chcel som práve telefonovať.
Chcel som objednať taxík.
Chcel som ísť totiž domov.

Myslel som, že chceš zavolať svojej žene.
Myslel som, že chceš zavolať informácie.
Myslel som, že chceš objednať pizzu.

88 [achtundachtzig]

Vergangenheit der Modalverben 2

88 [osemdesiatosem]

Minulý čas modálnych slovies 2

Mein Sohn wollte nicht mit der Puppe spielen.	Môj syn sa nechcel hrať s bábikou.
Meine Tochter wollte nicht Fußball spielen.	Moja dcéra nechcela hrať futbal.
Meine Frau wollte nicht mit mir Schach spielen.	Moja žena so mnou nechcela hrať šach.
Meine Kinder wollten keinen Spaziergang machen.	Moje deti sa nechceli prechádzať.
Sie wollten nicht das Zimmer aufräumen.	Nechceli upratať izbu.
Sie wollten nicht ins Bett gehen.	Nechceli ísť do postele.
Er durfte kein Eis essen.	Nesmel jesť zmrzlinu.
Er durfte keine Schokolade essen.	Nesmel jesť čokoládu.
Er durfte keine Bonbons essen.	Nesmel jesť bonbóny.
Ich durfte mir etwas wünschen.	Mohol som si niečo želať.
Ich durfte mir ein Kleid kaufen.	Mohla som si kúpiť šaty.
Ich durfte mir eine Praline nehmen.	Mohol som si vziať pralinku.
Durftest du im Flugzeug rauchen?	Mohol si v lietadle fajčiť?
Durftest du im Krankenhaus Bier trinken?	Mohol si v nemocnici piť pivo?
Durftest du den Hund ins Hotel mitnehmen?	Mohol si vziať psa do hotela?
In den Ferien durften die Kinder lange draußen bleiben.	Cez prázdniny mohli deti zostať dlho vonku.
Sie durften lange im Hof spielen.	Mohli sa dlho hrať na dvore.
Sie durften lange aufbleiben.	Mohli zostať dlho hore.

89 [neunundachtzig]

Imperativ 1

89 [osemdesiatdeväť]

Rozkazovací spôsob

Du bist so faul – sei doch nicht so faul!
Du schläfst so lang – schlaf doch nicht so lang!
Du kommst so spät – komm doch nicht so spät!

Si taký lenivý – nebuď taký lenivý!
Spíš tak dlho – nespi tak dlho!
Chodíš tak neskoro – nechoď tak neskoro!

Du lachst so laut – lach doch nicht so laut!
Du sprichst so leise – sprich doch nicht so leise!
Du trinkst zu viel – trink doch nicht so viel!

Smeješ sa tak nahlas – nesmej sa tak nahlas!
Hovoríš tak potichu – nehovor tak potichu!
Piješ príliš veľa – nepi tak veľa!

Du rauchst zu viel – rauch doch nicht so viel!
Du arbeitest zu viel – arbeite doch nicht so viel!
Du fährst so schnell – fahr doch nicht so schnell!

Fajčíš priveľa – nefajči tak veľa!
Pracuješ priveľa – tak nepracuj tak veľa!
Jazdíš príliš rýchlo – tak nejazdi tak rýchlo!

Stehen Sie auf, Herr Müller!
Setzen Sie sich, Herr Müller!
Bleiben Sie sitzen, Herr Müller!

Postavte sa, pán Müller!
Sadnite si, pán Müller!
Zostaňte sedieť, pán Müller!

Haben Sie Geduld!
Nehmen Sie sich Zeit!
Warten Sie einen Moment!

Majte strpenie!
Neponáhľajte sa!
Počkajte chvíľu!

Seien Sie vorsichtig!
Seien Sie pünktlich!
Seien Sie nicht dumm!

Buďte opatrný!
Buďte dochvíľny!
Nebuďte hlúpy!

Imperativ 2

Rozkazovací spôsob 2

Rasier dich!	Oholʼ sa!
Wasch dich!	Umy sa!
Kämm dich!	Učeš sa!
Ruf an! Rufen Sie an!	Zavolaj! Zavolajte!
Fang an! Fangen Sie an!	Začni! Začnite!
Hör auf! Hören Sie auf!	Prestaň! Prestaňte!
Lass das! Lassen Sie das!	Nechaj to! Nechajte to!
Sag das! Sagen Sie das!	Povedz to! Povedzte to!
Kauf das! Kaufen Sie das!	Kúp to! Kúpte to!
Sei nie unehrlich!	Nikdy nebuď nečestný!
Sei nie frech!	Nikdy nebuď drzý!
Sei nie unhöflich!	Nikdy nebuď nezdvorilý!
Sei immer ehrlich!	Vždy buď úprimný!
Sei immer nett!	Vždy buď milý!
Sei immer höflich!	Vždy buď zdvorilý!
Kommen Sie gut nach Haus!	Dobre dojdite domov!
Passen Sie gut auf sich auf!	Dávajte na seba pozor!
Besuchen Sie uns bald wieder!	Čoskoro nás opäť navštívte!

91 [einundneunzig]

Nebensätze mit *dass* 1

91 [deväťdesiatjeden]

Vedľajšie vety s že 1

Das Wetter wird vielleicht morgen besser.
Woher wissen Sie das?
Ich hoffe, dass es besser wird.

Počasie bude zajtra možno lepšie.
Odkiaľ to viete?
Dúfam, že bude lepšie.

Er kommt ganz bestimmt.
Ist das sicher?
Ich weiß, dass er kommt.

Celkom určite príde.
Je to isté?
Viem, že príde.

Er ruft bestimmt an.
Wirklich?
Ich glaube, dass er anruft.

Určite zavolá.
Skutočne?
Verím, že zavolá.

Der Wein ist sicher alt.
Wissen Sie das genau?
Ich vermute, dass er alt ist.

Víno je určite staré.
Viete to presne?
Domnievam sa, že je staré.

Unser Chef sieht gut aus.
Finden Sie?
Ich finde, dass er sogar sehr gut aussieht.

Náš šéf vyzerá dobre.
Myslíte?
Myslím, že vyzerá dokonca veľmi dobre.

Der Chef hat bestimmt eine Freundin.
Glauben Sie wirklich?
Es ist gut möglich, dass er eine Freundin hat.

Šef má určite priateľku.
Skutočne si to myslíte?
Je to celkom možné, že má priateľku.

92 [zweiundneunzig]

Nebensätze mit *dass* 2

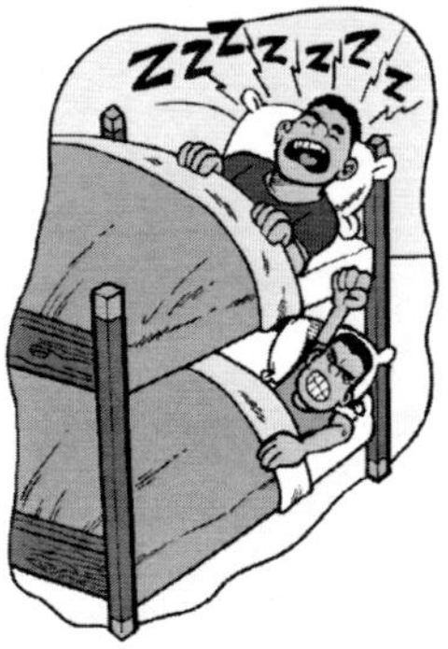

92 [deväťdesiatdva]

Vedľajšie vety s že 2

Es ärgert mich, dass du schnarchst.
Es ärgert mich, dass du so viel Bier trinkst.
Es ärgert mich, dass du so spät kommst.

Hnevá ma, že chrápeš.
Hnevá ma, že piješ toľko piva.
Hnevá ma, že chodíš tak neskoro.

Ich glaube, dass er einen Arzt braucht.
Ich glaube, dass er krank ist.
Ich glaube, dass er jetzt schläft.

Myslím, že potrebuje lekára.
Myslím, že je chorý.
Myslím, že teraz spí.

Wir hoffen, dass er unsere Tochter heiratet.
Wir hoffen, dass er viel Geld hat.
Wir hoffen, dass er Millionär ist.

Dúfame, že sa ožení s našou dcérou.
Dúfame, že má veľa peňazí.
Dúfame, že je milionár.

Ich habe gehört, dass deine Frau einen Unfall hatte.
Ich habe gehört, dass sie im Krankenhaus liegt.
Ich habe gehört, dass dein Auto total kaputt ist.

Počul som, že tvoja žena mala nehodu.
Počul som, že leží v nemocnici.
Počul som, že tvoje auto je totálne rozbité.

Es freut mich, dass Sie gekommen sind.
Es freut mich, dass Sie Interesse haben.
Es freut mich, dass Sie das Haus kaufen wollen.

Teší ma, že ste prišli.
Teší ma, že máte záujem.
Teší ma, že chcete kúpiť dom.

Ich fürchte, dass der letzte Bus schon weg ist.
Ich fürchte, dass wir ein Taxi nehmen müssen.
Ich fürchte, dass ich kein Geld bei mir habe.

Obávam sa, že posledný autobus je už preč.
Obávam sa, že budeme musieť ísť taxíkom.
Obávam sa, že pri sebe nemám žiadne peniaze.

93 [dreiundneunzig]

93 [deväťdesiattri]

Nebensätze mit *ob*

Vedľajšie vety s či

Ich weiß nicht, ob er mich liebt.	Neviem, či ma ľúbi.
Ich weiß nicht, ob er zurückkommt.	Neviem, či sa vráti.
Ich weiß nicht, ob er mich anruft.	Neviem, či mi zavolá.
Ob er mich wohl liebt?	Či ma vôbec ľúbi?
Ob er wohl zurückkommt?	Či sa vôbec vráti?
Ob er mich wohl anruft?	Či mi vôbec zavolá?
Ich frage mich, ob er an mich denkt.	Pýtam sa, či na mňa myslí.
Ich frage mich, ob er eine andere hat.	Pýtam sa, či má nejakú druhú.
Ich frage mich, ob er lügt.	Pýtam sa, či klame.
Ob er wohl an mich denkt?	Či len na mňa myslí?
Ob er wohl eine andere hat?	Či len nemá nejakú druhú?
Ob er wohl die Wahrheit sagt?	Či len hovorí pravdu?
Ich zweifele, ob er mich wirklich mag.	Pochybujem o tom, či ma má skutočne rád.
Ich zweifele, ob er mir schreibt.	Pochybujem o tom, či mi napíše.
Ich zweifele, ob er mich heiratet.	Pochybujem o tom, či sa so mnou ožení.
Ob er mich wohl wirklich mag?	Ći ma má len naozaj rád?
Ob er mir wohl schreibt?	Či mi len napíše?
Ob er mich wohl heiratet?	Či sa len so mnou ožení?

94 [vierundneunzig]

94 [deväťdesiatštyri]

Konjunktionen 1

Spojky 1

Warte, bis der Regen aufhört.	Počkaj, kým prestane pršať.
Warte, bis ich fertig bin.	Počkaj, kým budem hotový (hotová).
Warte, bis er zurückkommt.	Počkaj, kým príde späť.
Ich warte, bis meine Haare trocken sind.	Počkám, kým budú moje vlasy suché.
Ich warte, bis der Film zu Ende ist.	Počkám, kým skončí film.
Ich warte, bis die Ampel grün ist.	Počkám, kým bude na semafore zelená.
Wann fährst du in Urlaub?	Kedy ideš na dovolenku?
Noch vor den Sommerferien?	Ešte pred letnými prázdninami?
Ja, noch bevor die Sommerferien beginnen.	Áno, ešte predtým, ako začnú letné prázdnininy.
Reparier das Dach, bevor der Winter beginnt.	Oprav strechu predtým, ako príde zima.
Wasch deine Hände, bevor du dich an den Tisch setzt.	Umy si ruky predtým, ako si sadneš za stôl.
Schließ das Fenster, bevor du rausgehst.	Zavri okno predtým, ako pôjdeš von.
Wann kommst du nach Hause?	Kedy prídeš domov?
Nach dem Unterricht?	Po vyučovaní?
Ja, nachdem der Unterricht aus ist.	Áno, len čo skončí vyučovanie.
Nachdem er einen Unfall hatte, konnte er nicht mehr arbeiten.	Po tom, ako mal úraz, nemohol viac pracovať.
Nachdem er die Arbeit verloren hatte, ist er nach Amerika gegangen.	Po tom, ako stratil prácu, odišiel do Ameriky.
Nachdem er nach Amerika gegangen war, ist er reich geworden.	Po tom, ako odišiel do Ameriky, zbohatol.

95 [fünfundneunzig]

Konjunktionen 2

95 [deväťdesiatpäť]

Spojky 2

Seit wann arbeitet sie nicht mehr?
Seit ihrer Heirat?
Ja, sie arbeitet nicht mehr, seitdem sie geheiratet hat.

Odkedy už viac nepracuje?
Od jej svadby?
Áno, už viac nepracuje, odkedy sa vydala.

Seitdem sie geheiratet hat, arbeitet sie nicht mehr.
Seitdem sie sich kennen, sind sie glücklich.
Seitdem sie Kinder haben, gehen sie selten aus.

Odkedy sa vydala, už viac nepracuje.
Odkedy sa poznajú, sú šťastní.
Odkedy majú deti, len zriedkakedy idú večer von.

Wann telefoniert sie?
Während der Fahrt?
Ja, während sie Auto fährt.

Kedy telefonuje?
Počas jazdy?
Áno, počas toho, ako šoféruje auto.

Sie telefoniert, während sie Auto fährt.
Sie sieht fern, während sie bügelt.
Sie hört Musik, während sie ihre Aufgaben macht.

Telefonuje počas toho, ako šoféruje auto.
Pri žehlení sleduje televíziu.
Pri písaní domácich úloh počúva hudbu.

Ich sehe nichts, wenn ich keine Brille habe.
Ich verstehe nichts, wenn die Musik so laut ist.
Ich rieche nichts, wenn ich Schnupfen habe.

Nevidím nič, keď nemám okuliare.
Ničomu nerozumiem, keď hrá hudba tak nahlas.
Necítim nič, keď mám nádchu.

Wir nehmen ein Taxi, wenn es regnet.

Ideme taxíkom, keď prší.

Wir reisen um die Welt, wenn wir im Lotto gewinnen.

Keď vyhráme v lotérii, budeme cestovať okolo sveta.

Wir fangen mit dem Essen an, wenn er nicht bald kommt.

Začneme s jedlom, ak čoskoro nepríde.

96 [sechsundneunzig]

96 [deväťesiatšesť]

Konjunktionen 3

Spojky 3

Ich stehe auf, sobald der Wecker klingelt.	Vstanem, len čo zazvoní budík.
Ich werde müde, sobald ich lernen soll.	Som unavený, len čo sa mám učiť.
Ich höre auf zu arbeiten, sobald ich 60 bin.	Prestanem pracovať, len čo budem mať 60.
Wann rufen Sie an?	Kedy zavoláte?
Sobald ich einen Moment Zeit habe.	Len čo budem mať chvíľu čas.
Er ruft an, sobald er etwas Zeit hat.	Zavolá, len čo bude mať čas.
Wie lange werden Sie arbeiten?	Ako dlho budete pracovať?
Ich werde arbeiten, solange ich kann.	Budem pracovať, pokiaľ budem môcť.
Ich werde arbeiten, solange ich gesund bin.	Budem pracovať, pokiaľ budem zdravý.
Er liegt im Bett, anstatt dass er arbeitet.	Leží v posteli namiesto toho, aby pracoval.
Sie liest die Zeitung, anstatt dass sie kocht.	Číta noviny namiesto toho, aby varila.
Er sitzt in der Kneipe, anstatt dass er nach Hause geht.	Sedí v krčme namiesto toho, aby išiel domov.
Soweit ich weiß, wohnt er hier.	Pokiaľ viem, býva tu.
Soweit ich weiß, ist seine Frau krank.	Pokiaľ viem, je jeho žena chorá.
Soweit ich weiß, ist er arbeitslos.	Pokiaľ viem, je nezamestnaný.
Ich hatte verschlafen, sonst wäre ich pünktlich gewesen.	Zaspal som, inak by som bol dochvíľny.
Ich hatte den Bus verpasst, sonst wäre ich pünktlich gewesen.	Zmeškal som autobus, inak by som bol dochvíľny.
Ich hatte den Weg nicht gefunden, sonst wäre ich pünktlich gewesen.	Nenašiel som cestu, inak by som bol dochvíľny.

97 [siebenundneunzig]

97 [deväťdesiatsedem]

Konjunktionen 4

Spojky 4

Er ist eingeschlafen, obwohl der Fernseher an war.	Zaspal, hoci bol televízor zapnutý.
Er ist noch geblieben, obwohl es schon spät war.	Ešte zostal, hoci už bolo neskoro.
Er ist nicht gekommen, obwohl wir uns verabredet hatten.	Neprišiel, hoci sme sa dohodli.
Der Fernseher war an. Trotzdem ist er eingeschlafen.	Televízor bol zapnutý. Napriek tomu zaspal.
Es war schon spät. Trotzdem ist er noch geblieben.	Bolo už neskoro. Napriek tomu ešte zostal.
Wir hatten uns verabredet. Trotzdem ist er nicht gekommen.	Dohodli sme sa. Napriek tomu neprišiel.
Obwohl er keinen Führerschein hat, fährt er Auto.	Hoci nemá vodičský preukaz, šoféruje auto.
Obwohl die Straße glatt ist, fährt er schnell.	Hoci je cesta klzká, jazdí rýchlo.
Obwohl er betrunken ist, fährt er mit dem Rad.	Hoci je opitý, jazdí na bicykli.
Er hat keinen Führerschein. Trotzdem fährt er Auto.	Nemá vodičský preukaz. Napriek tomu šoféruje auto.
Die Straße ist glatt. Trotzdem fährt er so schnell.	Cesta je klzká. Napriek tomu jazdí tak rýchlo.
Er ist betrunken. Trotzdem fährt er mit dem Rad.	Je opitý. Napriek tomu jazdí na bicykli.
Sie findet keine Stelle, obwohl sie studiert hat.	Nemôže nájsť žiadne (pracovné) miesto, hoci študovala.
Sie geht nicht zum Arzt, obwohl sie Schmerzen hat.	Nejde k lekárovi, hoci má bolesti.
Sie kauft ein Auto, obwohl sie kein Geld hat.	Kupuje auto, hoci nemá peniaze.
Sie hat studiert. Trotzdem findet sie keine Stelle.	Študovala. Napriek tomu nemôže nájsť (pracovné) miesto.
Sie hat Schmerzen. Trotzdem geht sie nicht zum Arzt.	Má bolesti. Napriek tomu nejde k lekárovi.
Sie hat kein Geld. Trotzdem kauft sie ein Auto.	Nemá peniaze. Napriek tomu kupuje auto.

98 [achtundneunzig]

oppelte Konjunktionen

98 [deväťdesiatosem]

Dvojité spojky

Die Reise war zwar schön, aber zu anstrengend.	Cesta bola síce pekná, ale príliš namáhavá.
Der Zug war zwar pünktlich, aber zu voll.	Vlak bol síce presný, ale príliš plný.
Das Hotel war zwar gemütlich, aber zu teuer.	Hotel bol pohodlný, ale pridrahý.
Er nimmt entweder den Bus oder den Zug.	Buď pôjde autobusom, alebo vlakom.
Er kommt entweder heute Abend oder morgen früh.	Buď príde dnes večer, alebo zajtra ráno.
Er wohnt entweder bei uns oder im Hotel.	Buď bude bývať u nás, alebo v hoteli.
Sie spricht sowohl Spanisch als auch Englisch.	Hovorí nielen po španielsky, ale aj po anglicky.
Sie hat sowohl in Madrid als auch in London gelebt.	Bývala nielen v Madride, ale aj v Londýne.
Sie kennt sowohl Spanien als auch England.	Nepozná len Španielsko, ale aj Anglicko.
Er ist nicht nur dumm, sondern auch faul.	Je nielen hlúpy, ale aj lenivý.
Sie ist nicht nur hübsch, sondern auch intelligent.	Je nielen pekná, ale aj inteligentná.
Sie spricht nicht nur Deutsch, sondern auch Französisch.	Nehovorí len po nemecky, ale aj po francúzsky.
Ich kann weder Klavier noch Gitarre spielen.	Neviem hrať ani na klavíri, ani na gitare.
Ich kann weder Walzer noch Samba tanzen.	Neviem tancovať ani valčík, ani sambu.
Ich mag weder Oper noch Ballett.	Nemám rád ani operu, ani balet.
Je schneller du arbeitest, desto früher bist du fertig.	Čím rýchlejšie budeš pracovať, tým skôr budeš hotový.
Je früher du kommst, desto früher kannst du gehen.	Čím skôr prídeš, tým skôr môžeš ísť.
Je älter man wird, desto bequemer wird man.	Čím je človek starší, tým je pohodlnejší.

Genitiv

Genitív

die Katze meiner Freundin
der Hund meines Freundes
die Spielsachen meiner Kinder

mačka mojej priateľky
pes môjho priateľa
hračky mojich detí

Das ist der Mantel meines Kollegen.
Das ist das Auto meiner Kollegin.
Das ist die Arbeit meiner Kollegen.

To je plášť môjho kolegu.
To je auto mojej kolegyne.
To je práca mojich kolegov.

Der Knopf von dem Hemd ist ab.
Der Schlüssel von der Garage ist weg.
Der Computer vom Chef ist kaputt.

Gombík z košele sa odtrhol.
Kľúč od garáže je preč.
Šéfov počítač je pokazený.

Wer sind die Eltern des Mädchens?
Wie komme ich zum Haus ihrer Eltern?
Das Haus steht am Ende der Straße.

Kto sú rodičia toho dievčaťa?
Ako sa dostanem k domu jej rodičov?
Dom je na konci ulice.

Wie heißt die Hauptstadt von der Schweiz?
Wie heißt der Titel von dem Buch?
Wie heißen die Kinder von den Nachbarn?

Ako sa volá hlavné mesto Švajčiarska?
Aký je názov knihy?
Ako sa volajú deti susedov?

Wann sind die Schulferien von den Kindern?
Wann sind die Sprechzeiten von dem Arzt?
Wann sind die Öffnungszeiten von dem Museum?

Kedy majú deti školské prázdniny?
Kedy sú návštevné hodiny u lekára?
Kedy sú otváracie hodiny múzea?

100 [hundert]

100 [sto]

Adverbien

Príslovky

schon einmal – noch nie
Sind Sie schon einmal in Berlin gewesen?
Nein, noch nie.

už raz – ešte nie
Boli ste už raz v Berlíne?
Nie, ešte nie.

jemand – niemand
Kennen Sie hier jemand(en)?
Nein, ich kenne hier niemand(en).

niekto – nikto
Poznáte tu niekoho?
Nie, nepoznám tu nikoho.

noch – nicht mehr
Bleiben Sie noch lange hier?
Nein, ich bleibe nicht mehr lange hier.

ešte – už nie
Zostanete tu ešte dlho?
Nie, nezostanem tu už dlho.

noch etwas – nichts mehr
Möchten Sie noch etwas trinken?
Nein, ich möchte nichts mehr.

ešte niečo – už nič
Chcete ešte niečo piť?
Nie, neprosím si už nič.

schon etwas – noch nichts
Haben Sie schon etwas gegessen?
Nein, ich habe noch nichts gegessen.

už niečo – ešte nič
Jedli ste už niečo?
Nie, ešte som nejedol nič.

noch jemand – niemand mehr
Möchte noch jemand einen Kaffee?
Nein, niemand mehr.

ešte niekto – už nikto
Chce ešte niekto kávu?
Nie, už nikto.

END